この一冊でぜんぶわかる！

# 加藤宣行の道徳授業実況中継

加藤宣行 著

70周年 東洋館出版社

# はじめに

　文部科学省が「考え、議論する道徳授業」を提唱して以来、道徳授業は何かが変わる、変えなければいけないという気運が高まりました。とはいえ、以前から、このままではいけないというムードは少なからず流れていたはずです。
　なぜなら、道徳の授業は、なかなか「授業をやった感」が得られないからです。さらに、これまでは教科ではなかったので、カリキュラム上の重要なポジションからは外されがちでも、罪悪感ももたずにいられたのです。
　しかし、道徳の教科化にあたり、授業の何を変えればよいのかと、評価をどうするかという二点について、疑問や不安をもつ方が多くなりました。

　私は、これまでの道徳授業で踏襲されていた「国語の読解のような展開」「分かりきったことをもっともらしく最後にまとめるうさんくささ」には、閉口しておりました。ワンパターンの展開を、どの教材、どの内容、どの学年、どの子どもたちにも当てはめ、そこになんの疑問も抱かず進めていく授業のスタイルを変えるべきだと思い、自分なりのスタイルを模索し始めて10年が経ちます。
　最初の3年は悪戦苦闘の連続でした。しかし、次第に「これだ！」という子どもの発言や変容する姿に出会うことが多くなり、手応えを感じるようになりました。その授業を先生方に公開したり、実践報告したりするうちに、仲間が増えていきました。
　ですから、私にとって「深く考え、議論する道徳学習」というキーワードは、至極当たり前のことで、テーマ発問型のスタイルも根は同じだと思っております。

　私の道徳の授業スタイルに、型はありません。けれど、押さえるべき本質的なものはあります。本書の実践は、指導計画通りに流した展開はひとつもありません。本質を押さえ、何をしたいのかを自問自答しつつ、その場の子どもたちの発言に合わせて発問をその場でつくっていきます。
　この10本の授業はどれも、「他のクラスの子どもたちと授業したら、同じ展開にはならないな」と思いつつ、だからこそいいんだと自分に言い聞かせていました。そうしないと生きた授業にならないからです。

　本書は方法論としての基本パターンをマスターするというよりは、共通する本質は何かという観点でお読みください。そうすると、見えてくるものがあると思います。
　さあ、みなさん、改善や改良などと控えめなことを言ってないで、改革する覚悟で臨みましょう！　道徳は人間教育です。みなさんと一緒に、授業を通して子どもをよりよく生きる存在に変えていけることを願っています。

# 目　次

はじめに……001

## 第1章 理論編
## 道徳授業の基礎基本 総点検！

授業のポイント……004
導入のポイント……006
発問のポイント……008
終末のポイント……010
板書のポイント……012
ノートのポイント……014
評価のポイント……016

## 第2章 実践編
## 定番授業10本 実況中継！

- 第1学年　きいろいベンチ……020
- 第1学年　おりがみ名人……028
- 第2学年　しあわせの王子……036
- 第3学年　500人からもらった命……044
- 第3学年　いまからともだち（オリジナル教材）……052
- 第4学年　心と心のあく手……060
- 第5学年　雨のバス停留所で……068
- 第5学年　手品師……074
- 第6学年　最後のおくり物……082
- 第6学年　小川笙船……090

おわりに……096
著者紹介……097

# 第1章 道徳授業の基礎基本 総点検！

理論編

授業

導入

発問

板書 check!

終末

ノート

評価

# 発問を変えれば授業は変わる

 ## 本質に迫る発問とは

　道徳授業の最終目標は、表面的な行為や行動を迷いなくきちんと行えるようになることではありません。そうではなく、行為や行動を起こすおおもとの心のあり方を考えるところに本質があるのです。
　例えば、これはどうでしょう？
　A 「なんでそんなひどいことを言うの！？」
　B 「だって、本当にそう思ったんだもん！」
　この会話のBさんは正直者でしょうか？

　これは意見が分かれるところかもしれません。確かに思ったことを包み隠さず言うことは、一見正直ですが、時と場合によります。
　相手を傷つけてまで言うべきかどうかは、自らのよき心と相談して決めるべきです。そして、これは言うべきではないと判断したことは言わない。つまり、「本当のことを言わない」ことは嘘をつくこととは異なるのではないでしょうか？
　このようなことから、「正直ってどういうことだろう？」と子どもたちが深く考え、本質的に価値を捉えはじめるような、本質に迫るために用意された、深く考える発問が大切です。

 ## ズバリ、発問を変える

　授業改革するために、何を変えたらいいでしょう。ズバリ発問です！
　発問といっても種類や使い方は様々ですが、基本的に本質を深く掘り下げるものであるべきです。ここでいう発問は、場面発問型とテーマ発問型の２つに分けると、テーマ発問型のジャンルに入ります。
　日常の生活では時間をかけて考えないようなことをテーマに掲げ、子どもたちの意見を紡ぎあわせながら、一つの結論に至る展開の核となるのが発問です。そのような発問は、教師が発して終わりではなく、そこからの発展が命です。
　例えば、「友達ともっとなかよくなりたい」「友達を増やしたい」という子どもたちの想いを受けて、「よりよい友達とはどういうものかを考えよう」というテーマを掲げます。それだけでは抽象的で考えにくいので、「友達だからできることは何だろう」という問いを投げかけます。子どもたちは「相談に乗ってくれる」「信じられる」などと答えるでしょう。

ここからが本番。子どもたちの意見を受けて、「では、なんでも相談に乗ってくれて、自分のいいようにしてくれる人が一番の友達か」というように問いを発展させましょう。教材を使い「自分をおさえて友達のために尽くしてくれる人と、ダメなことはダメと言う人とでは、どちらが友達としてふさわしいか」を具体的に考えていきます。

　そのような思考過程を子どもたちと辿りながら、周到に手入れをしていき、「最初はなんでも合わせてくれる友達がいいと思っていたけれど、友達のためを思っているなら、反発されてもはっきりと言うことが大事だった」というような気づきに至ることが大切なのです。

## 3　適切な問い返しを行う

　このように発問次第で授業の展開は大きく変わります。さらに言えば、授業がうまくいくかどうかは、発問に続く「問い返し」にかかっています。問い返しとは、補助発問にさらに教育的効果を意図したもの。

　**「問い返し」は子どもの発言を一旦懐に入れ、「なるほど、あなたの言うことはこういうことか。だったら…」というように、本人の発言がさらに深まることを意図して、「問うて返す」**のです。そのような意味で、「問い返し」は子どもの言葉をそのまま繰り返すだけの「反復」「繰り返し」「確認」とも違います。

　子どもに限らず、人は自らの思いを100％反映した言葉をもつことはできないでしょう。仮にできたとしても、それを相手が同じように受け止め、共感することはあり得ません。これまでの生活経験が違うからです。だからといって、言葉は無意味かと言えばそうではありません。

　言葉は人間にとっての大事な文化です。だからこそ、**道徳教育では言葉を通して、問い返しながら、思いを丁寧に紡いでいく必要があります。**

　「発問」「子どもたちの反応」「問い返し」「子どもたち同志の意見交流」という一連の流れで授業を紡いでいくと、授業は自然に一本筋の通った展開になっていき、展開に必然性が出るのです。

## 4　生きた授業を創る

　授業は生き物です。同じ教材、同じ学年で授業をしても、学級や子どもが違えば、反応が全く異なることも少なくありません。性格も生活経験も違うのですから、当然です。

　広がりのある発問を通して、子どもたちの発言を生かしながら、授業を創りあげていくという意識をもち、1時間の流れを構想していきます。

　**子どもたちの発言をもとに、授業を紡ぎあげるという発想で、生きた授業を創りましょう。**

# 授業は、はじめの5分で決まる！

導入には大きく分けて4つの役割があります。この4つを順番に説明していきます。

1. 子どもたちの意識の把握
2. 考える観点の共有化
3. 本時の展開の下ごしらえ
4. 本時のゴール設定

 子どもたちの意識の把握

一定のねらいのもとに学習を行うのですから、「本時で何を学んだか」を見えるようにする必要があります。教師はもとより子ども自身が意識の変化を自覚し、それを語れるようになるために、まずは学習前の意識を把握しておきましょう。

次に紹介する文章は、6年生が授業後に書いた道徳ノートの記述です。

> 私は、親切とはやさしくできることだけだと思っていました。けれど、授業を受け、少し考えが変わりました。自分と同じ夢をもった人を一生懸命応援することも親切なのだと思いました。　　　　　　　　　　（6年・女子A）

Aさんのように、自分の意識の変容を自分自身でとらえ、自己評価できるようにするためには、授業開始時の自分自身の意識を明確にしておかなくてはなりません。劇的な変容でなくてもいいのです。毎時間の少しずつの変容が、いつしか本当に自分自身の生き方を支える拠り所となるかもしれません。

 考える観点の共有化

親切な人は親切を変えられる人。私が導入で「親切な人って、どういう人だろう」と投げかけたとき、5年生のF君が発した言葉です。教室中は「え？」となりました。そして、子どもたちの心がざわつきはじめます。

その瞬間を逃さず、「今、F君が言ったことがわかる人？」と投げかけます。悩みながら手をあげた子どもが数名、あとは「？？」でした。そこで、「じゃあ、今日はF君の言ったことを考えようか」と言いながら、その言葉を板書しました。これで本時の展開は決まったようなもの。それをYさんの感想がよく語ってくれています。

> 　私は最初、親切な人とはゴミを拾ってくれる人とか、席をゆずってあげる人だと思っていました。するとF君が「親切な人とは、親切を変えられる人？」と言いました。私は最初その意味がよくわかりませんでした。
> 　その意味をとくために教科書で考えました。そして発見がありました。
>
> （5年・女子・Y）

　つまり、共通の話題と観点があれば、問題意識がくすぐられた状態になるわけです。子どもたちをこのような状態にすることができたら、放っておいても「親切な人ってどんなことができる人だろう」と考えはじめるのです。

　明確な問題設定ができなくてもかまいません。「親切ってなんだろう？」と、考える窓口をつくるだけで、その後の授業への構えは予想以上に変わってきます。

## 本時の展開の下ごしらえ

　「友達とは信じられる人」と子どもたちが言ったとします。その後、教材や問い返しを通して「よい友だちだと思うけれど、友達だからこそ相手の言いなりにならず、自分の思いを伝える」という場面を提示します。

　そして、導入時の発言に戻り、「あれ？　みんなははじめに『信じられる人が友だち』と言ったよね？　今の話と違いませんか？」と「ツッコミ」を入れるのです。導入で、いわゆる言質（げんち）を取るのです。

　子どもたちはそこで「あ、最初に思っていたのは何か足りなかった」「いや、そういう意味じゃなくて…ちょっと待って！」と考え始めます。

## 本時のゴール設定

　子どもたちがはじめに言った意識を確認したところで、指導者は「今日の子どもたちは、友情に対して□□のような意識・認識、価値観をもっている。では、この□□という言葉を利用して、本時の展開のこの部分で子どもたちの概念崩しを行い、最終的に◯◯という到達点に気づかせよう」と、作戦を練るのです。

　つまり、本時のゴールを、子どもたちの意識に合わせて微調整するわけです。ときには微調整では終わらず、大きく変容する場合もあります。でも、それこそが生きた授業の醍醐味。このような微調整を素早く、そして大胆に行えるかどうかで、その後の授業は大きく変わっていきます。

　たかが5分、されど5分。導入の5分が授業の方向性を決めるのです。そのようなライブ感のある授業を、子どもたちの反応を楽しみながら行っていきましょう。

# 開かれた発問と問い返しが授業を決める

 **開かれた発問**

　「発問」と一口に言っても、「質問」「指示」「問題提起」「投げかけ」など、その役割は様々です。けれど、「発問」には上記とは異なる、もっと大切にしたい役割があります。それは、**子どもたちの問題意識を啓発し、子どもたち自身に自ら考え議論したくなるような『問い』をもたせる**ということです。

　発問には大きく分けて二つあります。一つは聞けば聞くほど、どんどん収束していく「閉じた発問」。もう一つはどんどん広がっていく「開かれた発問」です。「閉じた発問」で教師が敷いたレールの上を歩かせ、まとめていくような展開では、どんなに優しい雰囲気で行われたとしても、強制的な授業になってしまいます。だからこそ、「読み物道徳から考え・議論する道徳」へのシフトチェンジが提案されているのでしょう。

　「開かれた発問」は一見収束せずに、子どもたちが言いたいことを受け、そこから展開していくという様相を見せます。**「開かれた発問」を使いこなすためには、その場での対応力が問われる**でしょう。

　では、具体的に考えていきましょう。道徳的価値には、考えなくてもそれに従えばよいという一般的な見解があり、それが妨げになることがあります。

　例えば、「嘘をつくと信用されない」というのは一般的な常識です。しかし、人は好むと好まざるとにかかわらず誰でも嘘をつきます。「嘘を認めない立場」で話し合いを進めるのと「嘘をつく人間も認める立場」で議論するのとでは、着地点が違ってくるのです。

　往々にして前者は「知っているつもり」「当たり前の常識」「きれいごと」として収束してしまいがちです。それに対して、「『相手のことを考えて本当のことを言わなかった＝嘘』と、『本当のことだからためらわずに言った＝正直』は、どちらが正直ですか？　どちらがいいですか？」と聞いたとします。

　**このような「開かれた発問」では、多種多様な意見が出て、一見拡散してしまうように見えるでしょう。しかし、「嘘をつく、つかない」ではなく「どんな心で嘘をつくかが問題」だというように、両者を鑑みながら落ち着きどころを探し、収束させようとする力が働いてきます。**これが、人間に兼ね備わっている、「よき心に基づく修復能力」なのです。

## 2 問い返し

「開かれた発問」をしたら「問い返し」で、拡散した意見を紡ぎ合わせ、一定の落ち着きどころに収束させていきます。問い返しとは、子どもの発言をいったん懐に入れて、本人の発言をさらに深めるためのもの。ここでは、いくつかのパターンを紹介していきます。

**パターン1** 子どもの発言をそのまま繰り返し、それを本人や他の子どもたちに吟味させる。

「△△ということです」

「なるほど、△△ということですね」
→子どもの言葉をそのまま繰り返す。

「○○さんと同じ考えの人。自分の言葉で言ってみてください」
→同じ意味だと思っていても、違う子どもに言わせることで、違う面があることに気づかせる。

**パターン2** 教師なりの受け止め方をして、子どもの発言を本人や他の子どもたちに返す。

「今、□□君の言ったことは、こういうことでいいのかな。先生はここがよくわからなかったから、もっと詳しく聞きたいんだけど、□□君でもいいし、他の子でもいいんだけど、『例えば…』みたいに分かりやすく説明してくれないかな」
→一人の子どもの発言を他の子どもに翻訳させる意識をもつ。

「あ、わかった！ □□君の言ったことはこういうことだね！？」
→極端なことや意図的に的外れなことを言ってみたりすると、子どもたちから面白い反応が引き出せる。

**パターン3** 子どもの発言を、違った角度から投げ返し、再度発言を求める。

「みなさんは、声をかけたこの人を親切だと言ったけれど、では声をかけてあげたくても、できなかったら親切ではないということですか？」
「もし、優勝できなかったら、この努力は台無しになってしまうのかな？」
→前提や結末をひっくり返し、多面的・多角的に考えさせる。

問い返しには、こうすればよいというマニュアルはなく、子どもの発言に応じて、その場で創りあげるべきものです。実践編を参考にして感覚がつかめたら、手法にとらわれず、あくまでも子どもたちの発想を生かすことを大切にしてください。

# 希望と勇気を与える終末

 **終末の役割**

終末には、「まとめ」と「つなぎ」という二つの役割があります。

考え・議論する道徳を目指す新しいスタイルでは、従来型の授業と比べて、「まとめ」の難易度が高くなります。従来型では、あらかじめ想定されている答えに向かって一直線でしたが、新しい授業スタイルは、ゴールに向かって収束しないからです。

確かに方向性をきちんともっていないと、混乱してしまうような感触になるのも事実でしょう。

> 加藤先生の授業は、いろいろな意見がみんなから出て、その意見をまとめていくとなぞがとけていき、最後にちゃんとわかるという感じです。
> どの話も最初はどうなるか分からなかったけど、みんなの意見がひとつひとつがたよりになって、いつもなぞがちゃんととけて、最後はまとめになります。まとめが間に合わないときもありました。それでもぼくは考えました。
> （3年・男子B）

「みんなの意見がたよりになって、ちゃんと謎が解ける」とあるように、最後のまとめがあるとほっとするようです。「色々考えてきたけれど、ああ、そういうことか」という納得解になる「まとめ」があると、学びの成果が教師だけでなく子どもにとっても「見える化」できるのです。

> じゅぎょうをするたびに、こういうときは何をしたらいいかをどんどん考えていき、いつも終わるときにはへとへとになっていました。まとめを11行書く時もありました。でもちゃんと書けました。今まで楽しかったです。
> （男子B 感想の続き）

へとへとになるまで考え、それが楽しい。このような学びをつくるために、教師は「この授業で何がしたいのか、子どもたちがどのような学びをしたらよしとするか」を明確にもち、授業をする必要があるのです。

しかし、授業をしていると「まとめが間に合わない」こともあります。つまり、考えが深まったけど、授業時間中にはまとめきれないということです。そのようなときは、無理矢理まとめようとせず、「今日はここまで。次の授業でまた考えよう。それまでに考えをまとめておいてください」という、次回への「つなぎ」になる終末もあ

りでしょう。

##  今後の活動への展望を

　道徳の授業に「分かった！」はあっても、残念ながら他教科のように「できた！」はありません。「できた！」は授業後の他教科・他領域や実生活での実践を伴う場で形となって現れてくるものだからです。

　ですから、道徳の時間で学びが完結することはありません。道徳がこれまでは「道徳の時間」「道徳教育」の２本立てになっていたのはそのような理由からです。これは、特別の教科 道徳になっても変わりません。==明確なねらいをもとに授業を行い、実生活で実感を伴う理解をしてこその学びです。==

　==そのために、授業の終末は今後の展望をもたせて終わることが大切です。==「この登場人物のようにできない自分はまだまだだ。もっと頑張らなくては！」と素晴らしい登場人物と、できない自分とを比べ反省させるような終末は望ましくありません。

　完璧な人間なんていません。なれないものになりなさいというのは、あまりに乱暴な話です。むしろ、完璧でないからこそ努力し続けるのが人間というものです。

　教師の失敗談で終わることもありますが、なぐさめる雰囲気になってしまいがちなので、子どもたちの心を明るく前向きにする展望につながる終末を目指しましょう。

　終末では、次のようなステップで、自分たちが授業中に見つけた大切な心を意味づけし、発展させ、実生活に送り出すことがポイントです。

---

**ステップ1**
　教材の「いいな」と思うところに共感させ、その感情を生んだ理由を考えさせる。その際には、その登場人物が子どもたちと同じ世代の頃はどうだったかを想像させるとヒントになる。

**ステップ2**
　そこから、「いきなりできなくてもいいんだ。少しずつ上っていくことで次のステップが見えてくる」というように「今の自分がすべきこと」を考えさせる。

**ステップ3**
　今後そのような心で生活をしたら、どのようなことができるだろうか、ということを期待感をもって想像させる。

**ステップ4**
　「みなさんならきっとできる。楽しみにしていますよ」と自信と希望をもたせ授業を終える。

# 板書のポイント check!

# 板書は子どもとつくる

## 1 板書の役割

板書の基本的な役割は、次の4つです。

> ①記録…授業の内容や展開、要点を主に文字化する。
> ②確認…全体課題や注意事項を明記する。
> ③指示…活動の内容や手順を明示することで全体のばらつきをなくす。
> ④活動…誰かが代表で問題を解いたり、説明したりする。

道徳の授業の場合、子どもたちが黒板に出て説明したり、考えたりする④の場面を見ることはあまりありません。しかし、子どもたちが板書に参加しながら自らの思いを語り始めると、授業はとたんに「受けるもの」から「参加するもの」に変化します。

ですから、私は子どもたちがもっと黒板に出て学習活動を展開するべきだと思っています。私の授業では、子どもたちが黒板で書きながら説明したり、補足したり、思いついたことを書き足したりすることが多くあります。

これこそが「主体的で対話的な深い学び」の第一歩なのではないでしょうか。板書は「主体的で対話的な深い学び」をつくる学習展開と大きく関わってくるのです。

## 2 板書の図式化・構造化

道徳の板書には、もう一つの重要な役割があります。

> ⑤思考を広げるツール……子どもたちの思考の過程を見える化する。

道徳授業は、分かりきったことの受け売りでは意味がありません。みえる世界からみえない世界をどれだけ切り拓いていけるかが命です。

道徳授業の基礎基本

==板書は授業の展開と連動させて図式化していくと、子どもたちはイメージしやすくなり、どんどん新たな発見をしていきます。==

私は黒板には余分な張り紙や書き込みはせず、チョークだけを使用し、色や太さを変えながらその場の話し合いに応じた書き分けをします。

==従来は縦書きが一般的でしたが、横書きの方が全体の変容をつかみやすく、子どもたちも板書づくりに参加しやすいのでオススメです。==

例えば、教材に「頑張って成果を挙げた成功例」が書かれているとします。その世界をトレースしても「やっぱり頑張ることはいいことだ」という予定調和で終わってしまいます。

そこで、「もし結果が伴わなかったら、それまでの努力は無駄になるのかな？」「ここまで来ることができた登場人物は、その先はどうなるのだろう」など、書かれていないことを問うのです。

すると、子どもたちは「いや、決して無駄にはならない、きっといつか…」とか「ここまでできた達成感が自信につながり、きっと次の目標が見えてくるはず」などと答えてくれるでしょう。

このようにして創っていくと下のような板書になります。

子どもたちとのわくわくするようなやりとりを楽しみながら、黒板にまとめていくと、いつの間にか一つの絵画のような作品になります。そして、作品を見ると、子どもたちのはじめの意識、途中での気づき、発想の広がり、最後にレベルアップした意識という授業の展開を、鮮明に振り返ることができるのです。

# 板書と連動し、書きながら考える思考ツールへ

 **ノートの役割**

学習ノートの基本的な役割は次の3つです。

> ①記録
> ②練習
> ③確認

私は十数年前から道徳授業でずっと道徳ノートを子どもたちに使わせてきました。もちろん一人一人の学びの様子を把握し、評価につなげるためでもありますが、一番の目的は、子どもたちの学習に実をもたせることです。

授業中にまとめきれなかった考えを、家に帰ってから家族で話し合ってまとめてきた子がいます。教材で興味をもったことをさらに調べ実際に行うことで、実感を伴う学びとした子がいます。授業で大切だと思ったことを実行するために、頑張り表をつくって取り組みはじめた子がいます。

道徳ノートは常に、子どもたちの傍らにあり、思いを書き留めるパートナーなのです。2年生のYさんの、ノートに対する思いです。

> どうとくでまとめのかんそうを書いたのがノートにのこっているから、いつでも見られるので、とってもよかったです。ほっとすることもありました。
>
> （2年・男子Y）

道徳ノートには、基本的な学習ノートの役割に加え、次のような役割があります。

> ④つなぎ・思考・試行
> ⑤発展・実感

道徳の授業でよいと思ったことを実際にやってみて、そこから実感を伴う理解を深めていることが大切です。道徳の授業には限界があります。授業中に道徳的によいことを模擬的に行わせても、あくまでも疑似体験です。やはり、実際の生活場面でその場に応じた対応をしてこそ、生きて働く力となるのです。

だからこそ、授業と実生活をつなぐ役割をもつノートの存在が不可欠だと考えています。それを見ることで、一人一人の子どもたちの意識の変容や成長を見取ることが

できるようになります。そして、結果的にその子に応じたコメントなり励ましの言葉なり、評価なりができるのです。

##  道徳ノートの書かせ方

では、そのような役割を担う道徳ノートはどのように書かせたらよいのでしょう。

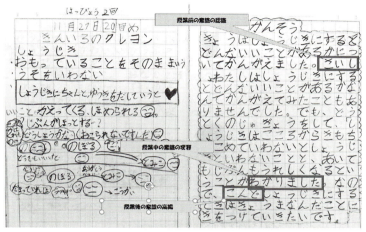

（1年・女子Y）

オリエンテーションでしっかりと書き方をレクチャーしたあと、上記のノートのように子ども自身にレイアウトを任せています。初めは戸惑う子もいますが、次第に授業で考えたことや、友達の意見なども取り入れながら、本時の学びを自己評価できるようになります。低学年から高学年に向け、さらに自由度を高くシフトチェンジしていけるとよいでしょう。

その際、①授業前の意識、②授業中の意識の変容、③授業後の意識の高揚という3つの観点を意識して書かせると、自分の学びの軌跡を押さえられるようになります。

道徳ノートには、もう一つ重要な役割があります。

⑥思考を広げる学習ツール

板書にも共通する役割ですが、書くことで「自分が言いたかったのはこういうことだ」「こっちの場合はどうだろう」と思考が整理されていきます。「多面的・多角的な思考」は、書きながら考えるという学習活動の中で自然に身についていくのです。

# 1時間の授業から、「大くくり」へ

  **評価の目的と方法**

道徳科の学習指導要領解説では次のようなことが提起されました。

> ・数値による評価ではなく、記述式であること。
> ・他の児童との比較による相対評価ではなく、児童生徒がいかに成長したかを積極的に受け止め、励ます個人内評価として行うこと。
> ・他の児童生徒と比較して優劣を決めるような評価はなじまないことに留意する必要があること。
> ・個々の内容項目ごとではなく、大くくりなまとまりを踏まえた評価を行うこと。
> ・具体的な取り組み状況を一定のまとまりの中で見取ること。

当然のことながら、「□□さんの道徳性は〇〇点」などと数値評価はできません。道徳性というものは、目に見えるものが全てではないからです。行動を伴う目に見える結果が全てになってしまったら、結果を取り繕う人間を育てることになってしまいかねません。行動に移すことができるにこしたことはありませんが、その前にどのような心持ちでその行為行動を行ったのかを見極めたいものです。

評価の目的は、ひとえに子どもたちの豊かな道徳性を育むためにあります。そのために何を評価するかというと、主に考えられるのは次の3つです。

> ①子どもたちの授業内での意識の変容（何が分かったか、学んだか）
> ②複数時間内での子どもたちの学びの履歴・成長
> ③授業だけでなく、日常生活をも含めた、子どもたちのよりよく生きようとする態度

この3つが具体的にどういうことなのかを考えていきましょう。
①授業を通して何を学んだか、どうしてそのようなことを思ったのかを言わせると、子ども自身が自己評価し、自己肯定感や問題意識が高まっていきます。「1時間の授業で何をするのか」という目的意識を明確にもって授業に臨みましょう。
②道徳の授業は1時間で完結するものではありません。複数時間の授業を通して何度も考え続け、ようやく見えてくるものが本物でしょう。
③最終的には日常生活での実践化までをねらいたいものです。ただ、実践するだけで

はなく、大切なのは、それを生む心なのです。それを「態度」と呼びます。あくまで「行動評価」ではなく「態度評価」を重視するということです。

##  大くくりのまとまりの評価

「大くくりなまとまりの評価」とは、どのような評価でしょうか。たとえば、次に紹介する日記をどのように評価すればよいでしょう。

> 今日、道徳の授業で親切を勉強しました。そしたらなぜかそれを行いたくなったので、電車でおばあさんに席をゆずってあげました。そうしたら「ありがとう」と嬉しそうに言ってくれたので、私も嬉しくなりました。やってよかったなと思いました。先週、よいと思ったことは勇気を出してやろうという学習も背中を押してくれました。
> （4年・女子A）

この日記から、下記のような見取りをして評価することができます。
「Aさんは勇気や親切の授業を通して多面・多角的に考え、実践することで達成感を味わい、自分自身との関わりの中で道徳的価値を深めることができました」

これは②の複数時間の評価です。では、次はどうでしょう。これも4年生の女子です。

> 私はこの頃、母とある実験をしています。私の住んでいるマンションの13階に、無口な女の人がいます。私は登校する時、よくその女の人にエレベーターで乗り合わせ、気まずい感じになります。でも"あいさつ"の授業を受けてから、私は何とかしてこの女の人と"和み"を作ろうと思っています。
> （4年・女子B）

これは、前述の3つの分類で言えば③になり、一つの授業と日常生活がつながり、挨拶に対し、前向きになった例です。

今のところ、大くくりの評価は②を指すことが多いようです。でも③も大切だと私は考えます。

いずれにしても、まずは①の授業をきちんとすることです。これがなければ②にも③にも発展しません。いきなり大くくりを目指すのではなく、子どもたちにとって意味のある授業を継続することで、結果的に大くくりな部分も変わってくるのです。間違っても、評価のための評価にならないよう、留意してください。

特に通信票は指導要録と違い、各校の工夫が認められていますから、今後様々な観点からの試みが期待されます。

\\ 理論編まとめ //
# 道徳授業の基礎基本 総点検！

## 👆 授業前の基本

**心構え**
道徳授業の最終目標は、表面的な行動ができるかどうかではなく、行動を起こす心の在り方を考えること。

**心構え**
本質に迫る発問と丁寧な問い返しで、子どもの意見をつなぎ合わせ、生きた授業を創る！

## 👆 授業中の基本

**導入**
導入は授業の下ごしらえ。問題意識をくすぐりながら、子どもの授業への構えを変える。

**展開**
開かれた発問で自由な意見を出させ、子どもたちに応じた問い返しで収束させていく。

**板書**
オススメは横書き！ 授業展開を図式化し子ども参加型の板書で、思考を見える化する！

**ノート**
ノートは学習に実を持たせる子どもたちのパートナー。教師の評価だけでなく、子どもの自己評価にも役立つ。

**終末**
道徳は授業だけでは完結しない。実生活での希望と展望につなげ授業を終える。

## 👆 評価の基本

**評価**
目的は、ひとえに子どもたちの豊かな道徳性を育むためのもの。毎時間の学びをしっかりと検証し、次時に生かし、その結果としての子どもの変容の見取りが大くくりな評価となる。

# 第2章 定番授業10本 実況中継！

（実践編）

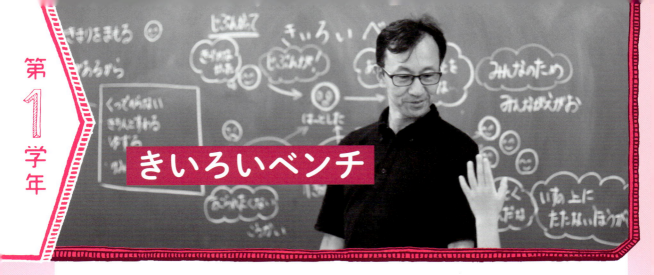

第1学年

## きいろいベンチ

**1. 教材名**　第1学年　きいろいベンチ

**2. 内容項目**　C：規則の尊重

**3. 授業の目標**

　「きまりは守る」ことは基本である。大事なのは「何のために守る」のかである。「叱られたり罰せられたりするから」「そういうきまりだから」なのか「みんなが快適に生活できるため」なのか。当然後者であり、それを「公徳心」というのだが、それを子どもたち自身の言葉でまとめたい。

**4. 指導の留意点**

　本教材は、二人の男子が「はっとする」ところで終わっている。叱られてはいない。何かに夢中になる中で、きまりのことや他の人のことをうっかり忘れてしまうことは誰にでもある。
　結果的にきまりを破ってしまっている自分も、「はっと」して見つめ直している自分も、自分なのである。その二者の比較をさせる中で、よき心に従って、はっとする二人の男子の心情に迫る。

**5. 評価のポイント**

　「きまりを守るのはなぜか」を導入時と終末時に聞き、授業前と後の意識の変容を比べる。教師がそれを見取り、意味づけし、子どもたちに返してやれば全体の授業評価となるし、子どもたち一人一人に評価させれば、各自の形成的自己評価となる。教師はそれをノートに書かせて、個人の学びの足跡を見取ることができる。

# 第1学年

**導入**

加藤　教科書を開きましょう。何と書いてありますか？
C多　約束やきまりを守る。❶
加藤　約束やきまりとはなんですか？
C1　ルール。
加藤　どうして守るのかな？
C2　ルールだから。
C3　不便になるから。
加藤　ルールがあるから守るのかな？　ルールを守るとどんな顔になりますか？
C4　嬉しい顔。❷
C5　笑っている顔。

**ポイント**
表情を想像させることを通して、登場人物の心情や考えを引き出すことができる。

加藤　では、ベンチを使うときのルールは何ですか？
C6　ベンチの上に立ったら靴の汚れがベンチについてしまう。
加藤　だから？
C6　靴では乗らない。
C7　ベンチではきちんと座る。❸
加藤　そういうきまりや約束があるんだね。ほかにもありますか？
C8　もし、自分よりお年寄りの人がいたら席を譲る。
加藤　この中にベンチが出てきますが、どんな約束があったらいいかな？　考えながら読んでね。❹

**ポイント**
子どもに「教材で何を考えるのか」という学習の観点を与えることで、子どもは目的意識をもって教材を読もうとする。

**展開**

（教材範読）
C9　はい！❺
加藤　すごいね！　手をあげている子は何を言おうとしているのかな？

**ポイント**
学習の目的が意識できている子どもは、教師が発問を投げかけなくても自発的に意見を述べようとする。日頃から教師が、子どもの学習に向かう姿を価値づけることで、学習態度は成長していく。

C9　ベンチの上で紙飛行機を飛ばさない。
C10　そもそもベンチは紙飛行機を飛ばす場所ではないよ。

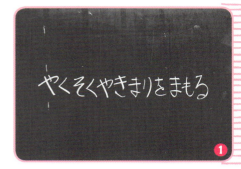

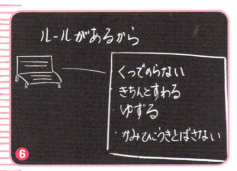

C11　でも二人の男の子は、悪いことしちゃったと思っているよ。
加藤　男の子たちは、悪いことしちゃったなあと思っているんだね。それなら、こうならないようにこうやって（板書で示した「靴で乗らない」「きちんと座る」「譲る」「紙飛行機を飛ばさない」を四角で囲み、張り紙に見立てる）ベンチに貼っておけば、うまくいくと思う人？　そうは思わない人？ ❻

> ポイント
> ベンチのきまりを子どもからの意見をもとにつくる。そして、その内容でうまくいくかどうかを子どもに選択させる。

C多　うまくいかない！
加藤　どうして？
C12　張り紙を見ない人はわからない。
C13　自分自身がそれを守ろうと思わないとだめ。❼
加藤　きまりがあるだけではだめなのかな？

> ポイント
> すかさずC13の意見を受けて問い返す。きまりに対する向き合い方について考えさせる。

C14　きまりを守らないと後で嫌なことが起きる。
加藤　怒られちゃうとか？　男の子たちは、最初きまりを？
C全　守っていなかった。
加藤　そのとき、どんな顔をしていた？
C15　楽しい顔。❽

加藤　きまりを守っていないのに楽しい顔をしていたんだね。
C16　男の子たちは、きまりに気づかなかったけれど、女の子のスカートが汚れているのに気づいてから自分たちが悪いことをしたとわかった。
加藤　そうか、そこで「いけないことしたんだな」と思って、こんな顔（気まずい表情）になったんだね。❾

> ポイント
> 自分たちが悪いことをしたと気づいた男の子たちの「気まずい表情」と最初の「楽しい表情」を描くことで、対比関係構造的に板書する。（板書はP26参照）

C17　ベンチでは、もちろん靴を脱いだ方がいい。
加藤　靴を脱いで乗ればいいのかな？
C18　やらない方がいいけれど、どうしてもそうしないといけないときは、お父さん、お母さんに聞いた方がいい。
加藤　お父さん、お母さんに「いいよ」と言われたらいいのかな？
C多　ん〜だめ。❿

加藤　どういうことだろう？　男の子たちは、気づいたときハッ

第1学年

としたんだよね。なんでハッとしたのかな？「あ！ いけない！ 怒られる！」と思ったのかな？ そう思う人？ 思わない人？⑪

> **ポイント**
> C18の意見を受けて、（前述のC13と同様）きまりに対する向き合い方について考えさせるために、男の子たちがハッとした場面を取り上げる。

C多　（「思わない」に挙手）⑫
加藤　え！？　違うの？
C19　自分でいけないか、いいか考えたから。
加藤　お父さんやお母さんに聞かないんだ。
C20　5歳くらいの子どもが座ったときに泥んこになってしまって、迷惑かけちゃったと思ったから。
加藤　なるほど。他にもありますか？　なんでハッとしたんだろう？
C21　あ！　汚してはいけないんだとハッとした。
加藤　さあ、3つの意見が出ました。どの理由だと思いますか？　一番そうだと思うのはどれですか？　わけも教えてください。（「あ！　怒られる」を青色チョーク、「お父さんお母さんに聞かなくちゃ」を黄色チョーク、「迷惑かけちゃったな」を赤色チョークでそれぞれ板書する）⑬

> **ポイント**
> 子どもたちから出された意見を比較させることで、男の子たちのハッとした理由をさらに考えていく。

加藤　青色「あ！　怒られる」だと思う人？
C少　（挙手）
C22　怒られたら嫌だから。⑭
C23　そうだと思う。
加藤　そうだよね。みんなもそう思わないですか？　そういう気持ちわかる人？
C多　（挙手）

> **ポイント**
> 少数派意見も見逃さない。C22やC23の意見や応答は「人間理解」に関わる意見であり、全体で共感的に受け止める。

加藤　黄色「お父さんお母さんに聞かなくちゃ」だと思う人？
C少　（挙手）
C24　怒られるかもしれないから。
C25　お父さんお母さんに隠しても自分が嬉しくないから。⑮
加藤　赤色「迷惑かけちゃったな」だと思う人？
C多　（挙手）
C26　迷惑をかけちゃうとまわりの人が困ってしまうから。

加藤　まわりの人が困ってしまうんだ。そうか、気づかないでニコニコしているのは自分たちで、まわりの人たちは迷惑なんだね。

C27　女の子が泥だらけになってしまったから。⓰

C28　おうちの人が洗濯するのが大変だから。

加藤　青色「あ！　怒られる」と赤色「迷惑かけちゃったな」の違いはなんですか？

**ポイント**
男の子たちのハッとした理由の比較から、次に両者の違いに着目させていくことを通して、子どもの問題意識を高めさせるようにする。

C29　青色の「あ！　怒られる」は、怒られたくない気持ちがあって、後悔しそう。

加藤　後悔ってわかる？⓱

C30　「ああ、やんなきゃよかった」と思うこと。

加藤　後悔しちゃうんだね。誰もニコニコになれないんだね。では、どの世界が一番いいと思いますか？

C多　赤色の「迷惑かけちゃったな」の世界。

加藤　どんなことになっていくと思う？

C31　迷惑かけたことがわかる。

C32　後で正直に言える。

C33　相手の気持ちがわかる。⓲

加藤　そうか、みんなどうなるかな？

C34　笑顔になる。

C35　みんなが楽しくなる。

C36　男の子たちは、最初喜んでいたけれど、これからはしないと思う。

加藤　ハッとした男の子たちは最後はどんな顔になるのかな？⓳

C37　ごめんなさいという顔。

C38　ごめんなさいからニコニコ顔。

加藤　ニコニコになるのは誰？

C39　まわりの人たち。

C40　男の子たちも、ニコニコになると思う。⓴

C41　自分もみんなも。

加藤　二人で紙飛行機を飛ばしていた時のニコニコと、最後の二人のニコニコは同じですか？　同じだと思う人？　違うと思う人？

C全　（「違うと思う人」挙手）

加藤　違うと思う人はどこが違うか言えますか？

C42　えっと…。

第１学年

加藤　難しいね。お隣と話し合ってごらん。（２分間）㉑

> **ポイント**
> 考えるからこそ、発言につまることを共感的に受け止める。一人で考えることが難しいことに気づかせてから、話し合うに取り組ませることで、話し合うことの必要感をもたせる。

加藤　意見が言える人？　友達の話を聞いていいなと思った人？
C多　（挙手）㉒
加藤　いい話し合いができましたね。

> **ポイント**
> 話し合い活動後の教師の価値づけは、子どもに話し合うことの目的や意義を理解させる一助となる。

C43　自分が楽しいだけの笑顔とみんなのための笑顔。
C44　最初の笑顔は、自分勝手な笑顔。
C45　後で恥ずかしくなる。
C46　最初は悪いことをやっている笑顔で、その後、後悔して、悲しくなって、笑顔になれるように「もうこんなことしないようにしよう」と心の中で誓ったと思う。
加藤　なるほどね。この赤色「迷惑かけちゃったな」に気づけた２人の男の子のいいところはなんですか？㉓
C47　最初自分では気づけなかったけれど、いけないことをしてしまったと思えたところ。
C48　後で人に迷惑かけちゃったなあと思えたところ。

**終末**

加藤　約束やきまりは守った方がいいんだよね。なんできまりを守るのかな？

> **ポイント**
> 導入と同様の発問を行うことで、子どもの思考の変容を見取ることができる。

C49　危ないから。㉔
加藤　C49さんの言ったことは、最初の「ルールだから」とは違うね。
C50　１週間前の学習の「ぼくはいかない」と似ている。
加藤　あれはきまりではなかったよね？　ということは、決まりではなくても守る理由があるということだね。㉕

> **ポイント**
> C50のように45分間の道徳授業で学んだ内容を関連させるということは、道徳的諸価値を多面的・多角的に捉えている姿。子どもの学びの連続性や思考の深まりを見いだすことができる。

C51　きまりがなくても自分が危ないと思えばやらないようにする。

加藤　そうか、きまりは危ないことがないようにあるんだね。だから、男の子のように自分から気づける子は、きまりがなくても「これはしていいな」「これはしちゃいけないな」と自分で考えて決めることができるんだね。きまりになってなくても自分で考えられるんだね。

C52　そしたら笑顔になると思う。❷⑥

加藤　そうだね、笑顔になれるね。１年生でここまで気づけた君たちはすばらしい！　これからも、きまりになっていてもなっていなくても自分で考えていけるといいですね。これで終わります。❷⑦

ポイント

最後は、本時の学習を通して、子どもの学びに向かう姿勢を評価するとともに、教師からの期待や励ましのメッセージを送ることで、あたたかい雰囲気で授業を終えることができる。

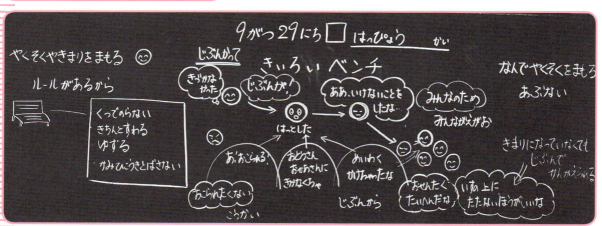

次ページでは、この授業で子どもたちが書いた、道徳ノートを掲載します。
これをどのように見取るのかをもとにして、先生方が評価をされる際の参考にしていただければと思います。
子どものノートへのコメント、見取り、授業に対する態度や意識の評価、実生活や複数時間を視野に入れた大くくりな評価などを、実際の子どもたちのノートをもとにして具体的に例示しています。

第 1 学年

### 評価

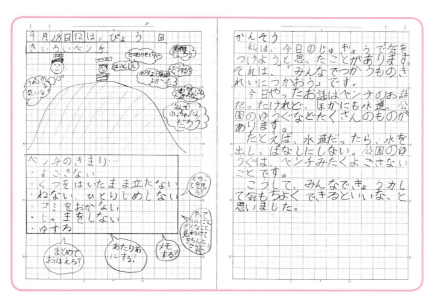

**コメント・見取り**

授業を通して「みんなのもの」の使い方について、よく考えることができました。自分の身のまわりのものについて考えたことを実さいに行って、気づいたことを教えてくださいね。

**評価（本時）**

「みんなで協力して気もちよく生活したい」というように、公徳心を自分自身の生活と関連づけて考えることができた。

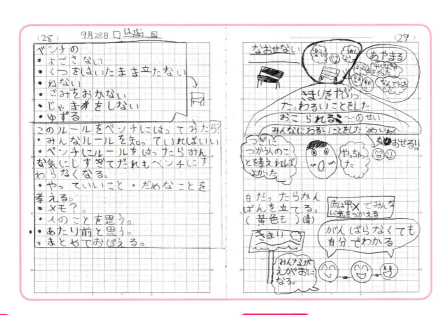

**コメント**

じゅぎょうで考えたことを上手にノートにまとめることができました。
思ったことをもっと書けるといいですね。

**評価（本時）**

○○君は、きまりについてかんばん（注意書き）がなくても守るということについて、多面・多角的な観点で考え、まとめようとした。

# 第1学年 おりがみ名人

**1. 教材名** 　第1学年　おりがみ名人

**2. 内容項目** 　A：努力と強い意志

**3. 授業の目標**

　何事も頑張るのはよいことだが、実際は時と場合による。例えば、不登校の子どもは頑張って学校に行かない方がよい場合もあるだろう。

　つまり、何でも頑張ることがよいという思い込みはすべきではないということだ。大切なのは、何をどのように頑張るのか、それをすることでどのような展望が開けるのかという方向性を見定めながら、自分で努力する、しないを決められる判断力をもたせることである。

**4. 指導の留意点**

　本教材は、既に努力の結果、おりがみが上手な「わたし」が、さらに向上するチャンスを自ら引き受け、向上心をもって自らを磨いていく話である。自分の守備範囲の中で上手に折るつると、新しいものにチャレンジして折るつるとを比較する。その議論を通して、向上心をもって常に上を目指す努力のよさに気付かせるようにする。

**5. 評価のポイント**

　「努力は向上心とセットになったとき、初めて意味をもつ」そして、「そのようなチャレンジ精神がある限り、人は成長し続ける」という価値観の再構築が、この授業のねらいである。

　評価において重要なのは、授業を通して何を学んだか、その学びは子どもたち一人一人にどのように生きる力を与えたかを見取ることである。

# 第1学年

**導入**

**加藤** 名人ってどんな人でしょうか？ ❶
C1 何かだけがすごくうまい人。
C2 何かが得意な人。
C3 プロの人。
C4 みんなにすごいと思われている人。
**加藤** それが名人だよね。名人になるためにはどうしたらいいでしょうか？

> **ポイント**
> 導入時に「〇〇になるために」という共通目標を考えさせ、学習の目的が子どもたち自身にあることを自覚させる。

C5 たくさん練習をする。 ❷
**加藤** 他にもありそうだね。ノートに書いてみてください。（時間を与える）
**加藤** はい、書けた人？ 教えて。練習以外に何かある？
C6 練習して復習する。
C7 予習をする。
**加藤** 復習とか予習とか言うよね（AとBを板書）他には？
C8 気合い。
**加藤** 気合いが大事。それが分かる人？
C多 （挙手） ❸
**加藤** 気合いってどういうこと（Cを板書）？
C9 強いっていうこと。
C10 自分の力を出しきること。
C11 心を燃やすこと。
C12 頑張って何かをする。
C13 好きをきわめる。
**加藤** 好きをきわめるって意味が分かる人？（Dを板書）❹
C少 （挙手）
**加藤** じゃあ分からない人？
C多 （挙手）
**加藤** そうだね。今日のお話の中にAやBやCやD、もっと違うEがあるかもしれません。名人になるためのいい方法がわかるかもしれないね。読みながら一緒に考えてみましょう。❺

> **ポイント**
> 教材を読む前に、子どもたちの発言を分類する。どこに気をつけながら読むのかという観点と問題意識を与えることで、読む心構えを変える。

> **展開**

（教材範読）

加藤　わたしのいいところはどこだろう？
C14　みんなのためにいいものを作りたいと思ったところ。❻
C15　家で色紙を使って大きなつるを折る練習をしたところ。
加藤　練習。じゃあこれ（板書のAを指さす）があったんだ。
C16　みんなが楽しいと思えるように難しいけどつるを折った。
C17　気合い！気合いをいれて折った。
加藤　おー、気合いか。よーしって気合いをいれたんだね。❼
C18　みんなの授業のために頑張った。
加藤　みんなのために気合いをいれたのかな。
C19　先生につるを折れる人はいませんか？と聞かれたときに思い切って手をあげた。
加藤　思い切ってわたしやりますって言ったんだね。これはABCDの中にある？

> **ポイント**
> 子どもたちの最初の意識に立ち返ることで、最初の予想が足りなかったことに気付かせ、適宜補足していく。

C20　うーん。迷うな。
加藤　なんだろうね。他にある？
C21　自分のためじゃなくて誰かのために頑張ったところ。❽
加藤　なるほど。
C22　勇気をもって手をあげて、何度も練習してつるを作った。
加藤　何度も練習したんだね。わたしはつるを折るのが下手だったのかな？
C多　違う。❾
加藤　最初からおりがみ名人で上手に折れてたんだよね？　普通のつるを上手に折ったとしたら、これだって努力して気合いを入れてやっているよね？　でもわたしは難しいつるを折った。どうやって難しいつるを折れるようになったんだろう？　最初はやり方がわからなかった。そのときはどんな顔だったと思う？
C23　不安。
加藤　どうしたらいいだろうって不安だね。そこからつるを折れるようになったよね。ここからここまでどうやって行ったのかな？　ノートで線をつないでみてください。（「できることを努力してする」を青い線で水平に板書）❿

> **ポイント**
> 努力の結果だけでなく、その過程を考えさせるため、図式化をさせる。

第 1 学年

加藤　黒板に出て書いてくれる人はいますか？
C24　（黄色の線でつなぐ）
C25　（オレンジ色の線でつなぐ）⓫
加藤　なるほど。ここはどうなっているのかな？
　　　（線の上昇がゆるやかになっている部分を指差しながら）
C25　ちょっとだけ休んだ。
加藤　休んだんだ。大変だ。じゃあこの青い線（できることを努力してする）と、二人が書いてくれた黄色やオレンジの線（できないことに挑戦し、苦労して成し遂げる）はどっちの方が大変そうですか？　青い線の方が大変だと思う人？⓬

C全　（挙手なし）
加藤　じゃあ黄色やオレンジだと思う人？

> ポイント
> 比較する対象を明確に条件設定し、図式化・色別化することで、考えさせやすくなる。

C多　（挙手）⓭
加藤　大変そうな道のりだね。これでは、好きをきわめるにならないんじゃないのかな。青の方が好きをきわめているんじゃないのかな？　青の方で楽しい、やったー、できたと思うことが好きをきわめるだと思う人？⓭
C全　（挙手なし）
加藤　そう思わない人？
C多　（挙手）
加藤　わけが言える人？⓮
C26　好きをきわめるっていうのは、好きだからずっと同じことをやるということではなくて、好きなことをレベルアップして上手になることだから。どんどん挑戦していかないと楽しくない。
加藤　挑戦しないと楽しくないんだ。それが分かる人？

C多　（挙手）
加藤　難しいことを言ったね。それはとても大事ですね。思い切って手をあげたのも挑戦じゃないのかな？　これABCDのどれでもないね。新しいEを見つけたね。チャレンジ精神があって、もっとレベルアップしようと思ったのがこっち（黄色・オレンジ）の道なんだね。

C27　未来の道。
加藤　未来の道？　ここまでいったら終わりじゃないの？　じゃあ名人が何になったの？（板書する）⓯
C28　さらに名人になった。
加藤　さらに名人になった。

わたしはここまでいったらこれでOKって終わりにするんじゃないんだ。さらに未来につながるんだ。このときのわたしはどんな顔しているんだろう？

C29　すごいニコニコ。⓰

加藤　最初のニコニコと同じですか？　違いますか？

C30　もっとニコニコ。

加藤　なんでもっとニコニコなの？　みんなにほめられたから？　そう思う人？

C少　（挙手）

C31　それもある。

加藤　それ以外にある人？

C32　本当はやめようと思ったんだけど、授業でみんなの役に立ちたいから、やってよかったと思った。

加藤　もっと頑張ってみようって挑戦する心があったから、難しくてやめちゃおうと思ったこともあったけど、あきらめないでレベルアップしていったね。だから、最後はやってよかったなと思ったんだ。だからこの顔（もっとニコニコ）になったんだ。⓱

C33　前のつるよりも、もっとすごいつるができたからその顔になった。

C34　未来へ一歩近づいた。⓲

加藤　こうやって頑張ると未来へ近づけるんだ。

👤 ポイント
その先まで想像させることで、このような努力を続けることのよさを、自分のものとして身近に考えさせる。

C35　青だとだんだんつまらなくなっちゃうけど、黄色やオレンジならどんどん上手になって達成感が味わえる。⓳

加藤　じゃあ青の線だったら下がっていっちゃうの？

C35　楽だからもういいやって思って、どんどんランクが下がって名人じゃなくなっちゃう。

加藤　でも黄色やオレンジの線だったら達成感があるんだね。達成感って聞いたことある人？

C多　（挙手）

C36　運動会で聞いたことある。⓴

加藤　達成感はやってよかったという思いだね。

👤 ポイント
「達成感」などというキーワードは、子どもたちから出る出ないにかかわらず、教師の方で必要に応じて補足をする。

第1学年

> **終末**

加藤　みんなはどの道を進みたいですか？　青い道を進みたい人？
C全　（挙手なし）
加藤　黄色やオレンジの道を進みたい人？
C多　（挙手）㉑
加藤　どうしてかな？　こっちの方が大変だよ？

> **ポイント**
> 「どの道を進みたいか」と問うことで、自分の生き方につなげ、人ごとではないことを自覚させる。

C37　大変だけど、みんなから笑顔をもらえたらもっと頑張ってレベルアップしようと思えるから。㉒
加藤　もっと頑張ろうと思えるんだ。そしたらもっとすごいものが作れるかもしれないね。
C38　青い道にいっちゃうと人生がつまらない。
C39　青い道にいっちゃうと次にいけなくなっちゃう。
C40　青い道だとあきらめてしまうことになるけど、黄色やオレンジの道は、どんどんおりがみが上手になる。
加藤　黄色やオレンジの道にいったのが、わたしのいいところだったんだね。
C41　青い道だとずっと同じものしか作れなくなってしまうけど、黄色やオレンジの道だといろんなものが作れるようになる。
加藤　これっておりがみだけの話なのかな？
C42　他のことにも使える。
加藤　黄色やオレンジの道でABCDEを使っていったら、どんな人になれそうですか？　おりがみ名人だけ？㉓

> **ポイント**
> この局面が本授業の真骨頂である。まとめるのが大変にはなるが、子どもたちの発想が豊かであればあるほど、どんどん広がっていく。

C43　みんなに頼られる人。
C44　将来人に何かを頼まれたらやってあげる優しい人。㉔
C45　今はまだクラス一だけど、黄色やオレンジの道にいけば日本一とか世界一になれるかもしれない。
加藤　クラス一どころではないんだね。どこまでいけるかな？　ストップって言って。（線を伸ばしていく）
C全　（黒板からはみ出そうなところで）ストップ。㉕
加藤　名人になるためにABCDを考えたらEも見つかってきたね。今のみんなはここのEに何を入れますか？　ノートに一つ書いてみてください。（時間を与える）

加藤　教えてくれる人？
C46　チャレンジ。
加藤　チャレンジ。同じこと書いた人？
C多　（挙手）
加藤　他にある人？
C47　ひらめき。
加藤　それ大事だね。これでいいやって思ったら、ひらめかないもんね。もっとうまくなろうと思ったらひらめくね。
C48　エジソンみたいになれる。
加藤　何かを発明できるかもね。そうやっていろんなひらめきや頑張りや努力で名人になった人たちのおかげで、今私たちは幸せな生活を過ごせているのかもね。

> **ポイント**
> 身近な「物」につなげて考えさせ、どれもが誰かの努力の結果、この世に生み出されてきたことに対して感動を伴う実感をさせる。

加藤　今日の授業の感想が言える人？
C49　ゆっくりでもコツコツ前に進む。
C50　これをやったらどうなるかを考える。
加藤　考えるために一回立ち止まってもいいんだね。みんなは何の名人になれるかな。楽しみにしています。これで授業を終わります。

> **ポイント**
> 子どもたちの学びが現在や未来につながっていくことを示し、自信や好奇心をもって実生活に臨む力を添える。

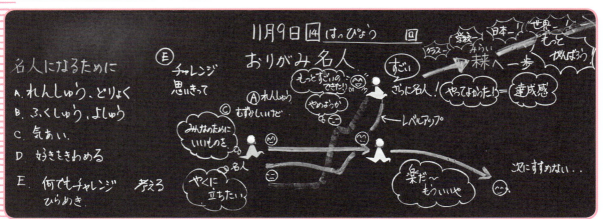

第1学年

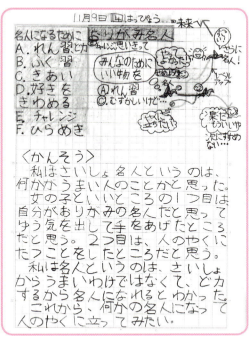

**見取り**

○○さんは、「さいしょ」「わかった」「これから」というように、授業を通して一時間の意識の変容を自分でまとめているところがよい。

**評価**

努力というのは人の役に立つためにという目的意識が大切であることがわかり、今後の生活に活かそうとしました。

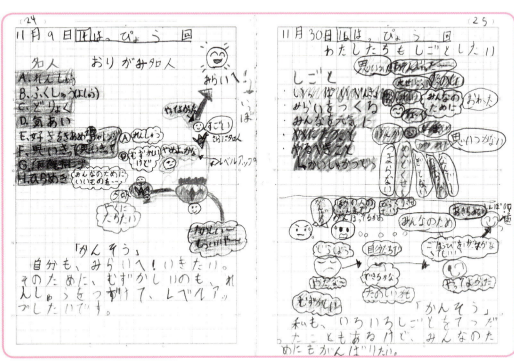

**見取り**

努力や勤労の学習を通して、「人のために努力し、働くことのよさ」について、次第に考えを深めることができるようになってきた。

**評価（大くくり）**

△△さんは、複数の授業を通して、主体的に実行し、生活をよりよくしようとする意欲を感じました。

# 第2学年　しあわせの王子

**1. 教材名**　第2学年　しあわせの王子

**2. 内容項目**
D：感動、畏敬の念
B：親切、思いやり

**3. 授業の目標**
　感動、畏敬の念というと漠然としてとても難しく感じるが、人はそのような心があるからこそ、人なのである。「わあ、すごいなあ」「心が揺さぶられるなあ」という、大いなるものに対する憧れや、謙虚な気持ちがあるからこそ、人生は豊かになるのである。

**4. 指導の留意点**
　本教材は、王子の善行がつばめや女神様の心を動かし、王子とつばめは神のもとに召されるという話である。我が身を犠牲にして人のために尽くすとよいことがあるという表面的な読みではなく、人の心の美しさ・気高さが認められ報われる世界を味わわせたい。
　その手立てとして「しあわせ」というキーワードを使う。王子は「しあわせ」を届けただけなのか、王子自身はしあわせではなかったのか？ つばめは？ この話を読んだ自分たちは？ と問いを広げていき、それに感動した自分を含め、人がもつ心の美しさを考えさせ、実感させたい。

**5. 評価のポイント**
　人の心の美しさ、気高さ、そしてそれらを包み込むような大いなるものが私たちを見守ってくれている実感を子どもたちの言葉でまとめたい。評価の観点は、いかに上手な言葉でまとめられたかではなく、いかに心を動かし、それを自分の言葉で表現しようとしていたかを見取るところにあるだろう。

# 第2学年

> 導入

**加藤** みんなはどんなときにしあわせな気持ちになりますか？❶
**C1** 好きなものを食べたとき。
**C2** 家族が全員笑っているとき。
**C3** 好きなペットを飼ったとき。
**加藤** 好きなことをしているときが多いね。
**C4** お母さんにほめられたとき。
**C5** おいしいごはんを食べたとき。❷
**C6** 自分が欲しいものをもらったとき。
**C7** 親友と肩を組むとき。
**加藤** そういうとき、しあわせだね。今日は「しあわせの王子」という話を読みますが、この王子はしあわせかどうか考えながら読んでね。❸

> ポイント
> 本教材に関連する「しあわせ」というキーワードを共有し、本教材に入る観点をもたせる。

> 展開

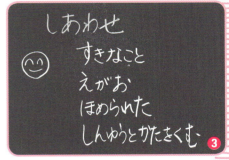

（教材範読）
**加藤** どんなお話だった？
**C8** 王子がみんなのために体の一部をあげた。
**加藤** それを読んでどう思った？
**C9** 王子の助けてあげようという気持ちが分かった。
**C10** 私も誰かを助けようと思った。
**C11** 王子はすごいと思った。
**加藤** そう思った人？
**C多** （挙手）
**加藤** それはどんな顔？

> ポイント
> 低学年の場合、表情を予想させ、それから「どうしてそういう顔になったの？」というように、なぜを聞いてあげると考えを表出しやすい。

**C多** （笑顔になる）
**加藤** 優しいな、私も誰かを助けたいっていう気持ちかな。では、こういう風な悲しい顔になった人いない？❹
**C少** （挙手）
**加藤** どうして？
**C12** 王子は死んじゃったから。❺
**C13** 他の人のために頑張ったけど、自分が死んじゃったから悲しい気持ちになった。
**C14** 人のために命まで使って助けようとしたから。

加藤　そういうところがあったから悲しい気持ちになったんだね。王子はしあわせだったのかな？　そう思う人？❻
C多　（挙手）
加藤　そう思わない人？
C多　（挙手なし）
加藤　王子はおいしいものを食べたり、楽しいことをしたりして過ごしましたか？
C多　過ごしてない。
加藤　笑顔になりましたか？
C多　なった。
加藤　本当？　悲しくなってなかった？　笑顔になったと思う人？

C多　（挙手）
加藤　なってないと思う人？
C少　（挙手）
加藤　両方あるのですね。ほめられましたか？
C15　天使にほめられた。
加藤　親友と肩組んだ？
C16　つばめと肩を組んだ。❼

**ポイント**
導入時に考えた「しあわせ」観と、現時点で思う「しあわせ」を照らし合わせて考えさせる。

加藤　ということはみんなが言ったことは、当てはまってないところがあるね。ということは、みんなが考えたしあわせに比べたら、あまりしあわせじゃないんじゃないの？❽
C17　王子が助けてあげたのはみんなが笑顔になって欲しいからで、みんなが笑顔になっているから王子はしあわせ。
C18　王子は困っている人を助けてみんなが元気になったからしあわせ。
加藤　そうすると笑顔は自分だけのことじゃないんだ。みんなを笑顔にしたいと思ってたんだ。

C19　面白いから笑顔になってるんじゃなくて、他の人が笑顔になっているから自分も笑顔になっている。❾
加藤　笑顔にも色々あるんだね。
C20　大勢の人を助けて自分も笑顔になった。
C21　自分はどうなってもいいけど他の人たちを助けてしあわせになって欲しかったから、しあわせになってくれて嬉しかった。
C22　王子は自分が傷付いてもいいから、みんなを笑顔にするために頑張った。❿

加藤　王子は自分はどうなってもいいと思ったの？　自分の命はどうでもいいと思ったの？

> **ポイント**
> 押さえるべき観点は教師の方から指摘し、全体で考えさせる。

C　違う。

加藤　そうじゃないよね。自分の命は大事だよね。じゃあ王子が大事にしたことはなんだったの？

C23　みんなをしあわせにすることと笑顔にすること。⓫

C24　みんなの役に立つこと。

C25　みんなを元気にさせられた。

C26　頑張っていても恵まれない人たちを助けたいと思った。

C27　いいことをしたから天使が来た。

加藤　じゃあ天使にほめてもらうためにやったの？⓬

C27　違う。

C28　そういう人には天使は来ない。

C29　みんなのことを大切に思った人のところに天使は来る。

加藤　なるほど。天使っているのかな？　いると思う人？

C半　（挙手）⓬

加藤　いないと思う人？⓭

C半　（挙手）

加藤　いるかいないか分からないね。つばめはなんで南の国に行かなかったんだろう？

C30　つばめは王子のためになりたかったから。

C31　王子と一緒に人の役に立ちたかったから。

C32　みんなを助けたいから。

C33　王子は動けないのに人を助けようとしているから、それを手伝いたいと思ったから。

C34　目が見えなくて、誰が困っているか分からないけど人を助けたいと思っている王子の役に立ちたいと思ったから。

加藤　そんな王子だからそばにいたいと思ったんだ。

C35　王子は目が見えなくて親切にされる側になるから、つばめはそんな王子に親切にしたかった。⓮

C36　つばめも人のために命を使いたかった。

加藤　だんだん王子とつばめは心がつながってきたのかな。

C37　つばめには王子の気持ちが伝わってきた。

C38　つばめは王子と一緒に暮らした方がしあわせになれると思った。

加藤　最初は頼まれて仕方なくやったけど、やっぱり自分のしあわせはこっちにあると思ったのかな。このお話でしあわせになった人は誰？⓯

> **ポイント**
> 教材を通して自分自身を見つめさせる発問である。しあわせな気分になったのは誰かを考えることで発想が膨らむ。

C39　つばめと王子。
C40　町の人。
加藤　この人たちはしあわせになったんだね。
C41　つばめの親。❶
加藤　どうしてそう思ったの？
C41　つばめが大きくなって人の役に立とうとしているから。
C42　でもつばめの親はもう生きてないかもしれないよ。
加藤　生きてなかったら関係ないの？
C多　違う。

加藤　つばめの親はどこにいるか分からないけど、見てくれていてしあわせになったんだね。ということは天使もしあわせな気持ちになったのかな？　だから下りてきたのかな？❶
C多　そうだと思う。
加藤　じゃあもう一回聞きます。この王子はしあわせだったのかな？　しあわせだったと思う人？
C多　（挙手）❶
加藤　しあわせじゃなかったと思う人？
C全　（挙手なし）
加藤　死んじゃったのは悲しいけどね。このお話を読む前にしあわせってどういうことか聞いたよね。今だったらどう答えるかな？

> **ポイント**
> 学習が進み、ねらいとする価値に対する理解が深まったところを押さえて、同じ問いをすることで意識の変容を自己評価させる。

C43　人のために役に立つ。
C44　人を守ってあげる。

> **終末**

加藤　自分だけじゃなくて人を守ってあげるってしあわせなんだね。王子は天使が出てきて一緒に連れて行ってくれなかったらしあわせじゃなかったのかな？　しあわせじゃなかったと思う人？❶
C全　（挙手なし）
C45　それじゃ「しあわせの王子」じゃなくてただの「王子」になっちゃう。❷
加藤　それでもしあわせだと思う人？
C多　（挙手）

第2学年

C46 人を助けて笑顔になってくれたから。㉑
C47 町の人をしあわせにできたから。
加藤 お返しをもらえなくても、人の役に立ったことをしあわせに思える王子だったのかな。この王子のことをどう思う？
C48 自分で困っている人を見つけて何ができるかなと考えられる王子。
C49 笑顔を作る王子。
C50 町の人を笑顔にする能力をもっている王子。
C51 王子は町の人のしあわせをつくった。
C52 人のために自分は犠牲になってもいいと思える王子。
C53 正義の味方でヒーローみたいな王子。㉒
加藤 このお話を読んでそういう風に色々考えたね。今だったらどういう顔になる？　悲しい顔になると思う人？

> **ポイント**
> 導入時の問いに戻ることで、本時で何が分かったか、言えるようになったかを子どもの言葉でまとめる。

C全 （挙手なし）
加藤 嬉しい顔になると思う人？
C全 （挙手）㉓
加藤 嬉しい顔になるんだね。このお話は本当のお話じゃないけど、読んでここがいいなって思って嬉しい顔になれたみんなにもつばめの心とか王子の心を感じる心があるということだね。みんながしあわせになるために何か大事なことを知っていると、これからももっとしあわせになれると思います。これで終わります。㉔

> **ポイント**
> 授業の中で「いいなあ」と思う心は自分にもあるという自覚を促すことで、自己肯定感を高め、実践意欲を喚起する。

㉑

㉒

㉓

㉔

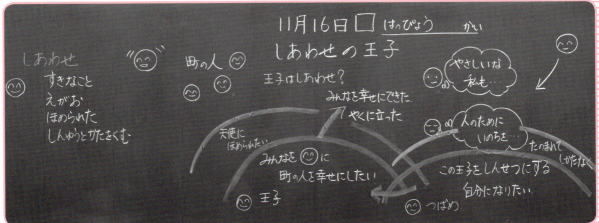

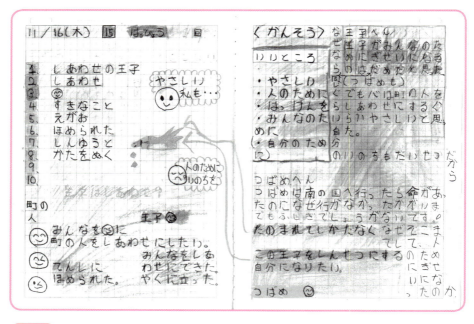

**見取り**
- 自己犠牲ではない王子の行為のよさに言及しているところがよい。
- 王子の立場、つばめの立場など多面・多角的な視点で考えているところがよい。

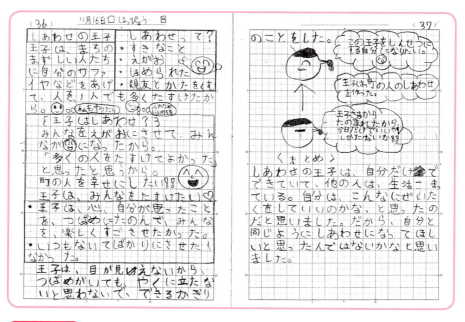

**評価（本時）**

　○○さんは、「しあわせってなんだろう？」というテーマで主体的によく考え、自分の思ったことも含めて道徳ノートにきちんとまとめることができた。

# 第2学年

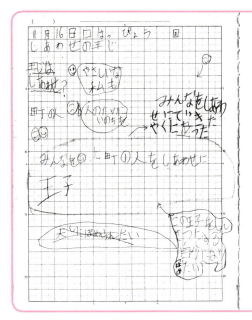

**評価（大くくり）**

○○君は道徳の学習を通して「だれかの役に立ちたい」というように、自分自身の生活に重ねて考えることができた。

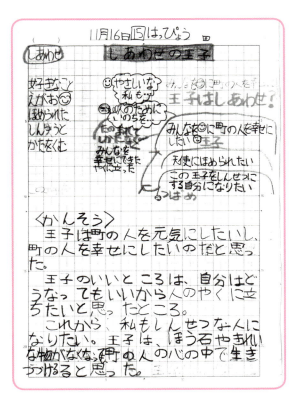

**見取り**

自分と重ねてしっかりと読んでいるが、親切や奉仕に流れているので軌道修正が必要である。

**コメント**

□□さんは王子のよいところをたくさん見つけましたね。

そういうすてきな心でこれからもいろんな本を読み、発見したことを教えてください。

# 第3学年

## 500人からもらった命

### 1. 教材名
第3学年　500人からもらった命

### 2. 内容項目
D：生命尊重

### 3. 授業の目標
　命は大切だということは誰にでも言えるが、なぜと問われると、その根拠がいかに思考のフィルターを通っていなかったかということが気づかされる。
　「かけがえのない」ということはどういうことなのか、自分たちの命は何に支えられているのか、どのように成長しているのかなどを実感することで、はじめて「命は大切」という言葉が自分のものになる。

### 4. 指導の留意点
　本教材では、「命はあげたりもらったりできるのか」というドキッとするテーマから入ることで、子どもたちの問題意識が喚起される。協力した様々な人々は、命をあげるというよりは、それぞれの関わり方の中で、命を支えているという気づきに至らせたい。そのために、関係する言葉を、線で結びつけていくウェビングマップのスタイルで、発見をどんどん黒板に描かせて、感動とともに気づきを促したい。

### 5. 評価のポイント
　ねらいを知的理解、情的理解、意欲的意識の向上の3観点から考える。
①命は様々な支えがあって成り立っていることが分かる。（知）
②そのような支えは自分にもあることに気づき、感動する。（情）
③自らの命をこれまで以上に大切に思いながら、他者と関わっていこうとする。（意）

# 第 3 学年

**導入**

**加藤** 今日はこれです。(「命」と板書する)この前か後に言葉を付け足してください。

C1 大切な命。
C2 お金にかえられない命。
C3 命は一生の宝物。❶

C4 悪い命。
**加藤** 悪い命とは？
C4 命を無駄に使うとか。
**加藤** C4 さんの言ったことがわかった人？
C多 (挙手)❷
C5 自分だけの命。
C6 世界に一つだけの命。
C7 心強い命。
**加藤** 心強い命？ わかるかな？ わからない人？
C多 (挙手)

C7 言ってる僕もわからなくなった。
**加藤** じゃあ、心強い命についても今日考えていきましょう。今日のお話は「500人からもらった命」です。命はあげたり、もらったりできると思いますか？(板書する)❸
C8 できないと思う。
C9 でも、移植とかあるよ。
**加藤** 心強い命とも関係しているのかな？「500人からもらった命」とはどういうことなのでしょうか？❹

**ポイント**
命に関する多様な考えを子どもたちから引き出し、問題意識をもたせるようにする。C7 の「わからなくなった」という発言も受け止め、学習問題の一つとして位置づける。

C10 500人から譲ってもらった。
C11 500人のお母さんから授かった。
C12 ご先祖様から受け継がれた命。
C13 お母さんがいたから僕たちがいるから。
C14 色々な人に支えてもらっている。❺
**加藤** みなさんなら「500人からもらった命」がどういうことなのか色々と見つけられそうですね。

**ポイント**
子どもたちの活発な発言を賞賛することで、子どもたちの学習意欲を高めるだけでなく、学習への向き合い方を価値づける効果もある。

C15 元気とか勇気もつながりそう。
C16 前の授業で、お家の人からお手紙をもらったときの内容と

もつながっていると思う。

C17　僕は親から大事にされていると思えるから、そういう意味で「心強い」と思った。

**加藤**　なるほど。そう考えたんだね。❻

**ポイント**
問題意識をもって、学習にのぞむ姿をしっかり受け止める。

### 展開

（教材範読）

C18　お風呂に入っていて飛び出すぐらい人のことを大切にしていると思った。❼

C19　ラジオで聞いてどうしても輸血して助けたいと思った。

**加藤**　500人分の輸血ということだけど、B型の方の血液が500人分ということですか？

C20　B型の人以外にも心配してやってきた人はいたと思う。

**加藤**　でも、血液型が違うかもしれないよね？

C21　でも役に立たないわけではない。

C22　患者さんの命を言葉で励ますこともできる。

C23　元気づけることができる。

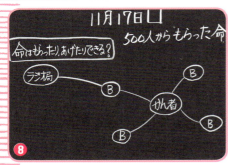

**加藤**　赤の線でない線も出ているということ？（「かん者」と「B型の輸血者」をつなぐ線を赤で描く）❽

C24　輸血だけではなくて、励ましたり応援したりして伝えることができる。

**加藤**　なるほど。励ましたり、応援したりすることもできるね。（励まし、応援の線を緑色の線で描く）

C25　一人でも多くの人を助けてあげたいと思う人。

C26　B型の人は輸血できたけど、違う血液型の人は心をあげたと思う。

C27　頑張れという気持ちをあげたと思う。❾

**加藤**　もらったものは、血だけではなく、心もなんだね。（心の線を黄色で描く）

**ポイント**
血液だけでなく、人の心や気持ちの存在に気づく子どもの発言を受け止める。

C 7　それが心強いにつながると思う。

C28　患者さんが元気になったのは血液だけでなく「元気になってね」という気持ちもあった。

C29　全員が合わさって500人だと思う。

**加藤**　（板書を指示しながら）赤い線・緑の線・黄色の線があるけれど、この中のどれかの線がなくても助かったと思いますか？❿

| | |
|---|---|
| C多 | （悩む） |
| 加藤 | 大事なのは、赤い線？　緑の線？　黄色の線？　それとも全部？ |
| C多 | （「全部」挙手）⓫ |
| 加藤 | では、命を助けるのは500人でいいですか？ |
| C30 | 35億人。 |
| 加藤 | 日本の総人口は？ |
| C多 | 1億人。 |
| 加藤 | ということは日本を飛び越えてしまっているということ？　どういうことでしょうか。どんな人が命を助けるのでしょうか？　黒板に書ける人どうぞ。 |

> **ポイント**
> 子ども自らが主体的に板書にのぞむ。教師と子どもとで創りあげる構造的な板書を生み出す。

| | |
|---|---|
| C多 | （板書する）⓬ |
| 加藤 | （子どもたちの板書を見ながら）「世界中の人」と書いてくれたけどどういうこと？ |
| C31 | テレビを見て救いたいと思った人たち。 |
| C32 | その場に行けなくても、心から励まそうとした人たち。 |
| C33 | 自分はB型の血液ではなくても、声をかけた人たち。 |
| C34 | 日本だけでなく、ラジオを聞いて「大丈夫かな？」と思った人たち。⓭ |
| 加藤 | 付け足したい人いますか？ |
| C35 | ラジオを聞いた世界中の人たちも500人の中に入る。 |
| C36 | 患者さんを助けたいと思う人たち。 |
| C37 | 力になりたいと思う人。その気持ちは患者さんに伝わっていて「ありがとう」と思っている。 |
| C38 | 何か思うだけで患者さんにとっては嬉しいと思う。 |
| C39 | 35億人は、日本だけで足りないくらい多い数ってこと。一人の人のまわりにいる人の分まで応援していると思う。 |
| 加藤 | そういうエネルギーを患者さんにあげているということなのかな？　100あるエネルギーを1あげようと思うと、自分は99になるということ？⓮ |

> **ポイント**
> 患者への思いをエネルギーという言葉に言い換え、数値で表すことにより、患者と支える人々との関係性をより具体的にイメージさせていく。

| | |
|---|---|
| C多 | いえ、逆に増えると思う。 |
| C40 | 患者さんに気持ちをあげた分、自分もエネルギーをもらっていると思う。⓯ |
| C41 | エネルギーは99になるかもしれないけれど、患者さんが |

治ってくれたら、99 から 120 になると思う。

**加藤** ん？ どういうこと？ ⓰

C41 患者さんが「ありがとう」と言ってくれたらエネルギーが上がると思う。

**加藤** C41 さんの考えは、（導入の）命のよい使い方？ 悪い使い方？

> **ポイント**
> 患者へ思いを寄せることは互いのエネルギーが高まることだと考えた C41 の意見を導入の C4 の発言と関連づける。

C多 よい使い方。

**加藤** エネルギーをあげた人ももらった人もエネルギーが上がって、よい命の使い方をしたということだね。

C42 エネルギーをあげた人は、輸血した人だけでなく、頑張ってと思った人も入ると思う。⓱

C43 それで患者さんも生きようとする気持ちが上がる。

**加藤** その気持ちが合わさるんだね。

C44 患者さんの心の中には、500 人以上の思いが入っているから、お医者さんも患者さんを治そうと頑張ると思う。

**加藤** 患者さんの命は、患者さん自身のお父さんやお母さんともつながりがありそうですか？ ⓲

C45 自分の命はお母さんやお父さんにもらったものだから、つながりがある。

C46 患者さんの命は、親の命でもあるし、親の命はおじいちゃんやおばあちゃんとのつながりでもある。

**加藤** そう考えると、患者さんの命を支えるものは他にも考えられそうですね？

C47 家族もそうだし、食べ物もそう。だから、生き物からも支えられていると思う。⓳

**加藤** そっか、それだとしたら、さっき言ってくれた 35 億くらい多いのかな？

C48 輸血してくれた人は 500 人だけど、励まそうという気持ちをもってくれていた人はもっとたくさんいたと思う。

**加藤** では、思いつく人さらに黒板に付け足してみましょう。

C多 （板書する）⓴

> **ポイント**
> 子どもたちの想像が膨らんできた様子を察し、子どもたちに主体的に板書させていく。

加藤　（子どもたちの板書を見ながら）「ご先祖様」というのは、先ほどの「父」「母」「おじいちゃん」「おばあちゃん」ともつながるね。「農家の人」と書いてくれた人、どういうことかな？㉑

C49　私たちのために食べ物を作ってくれているから。

**終末**

加藤　今日の給食も農家の人や色々な人とのつながりの中であるのかもしれませんね。さて、あなたたちの命は何人からもらった命になりますか？

C多　無限。

C50　言葉では言い表せないぐらい。㉒

加藤　言い表せないほどの命に支えられているんですね。では、（導入の）命について今ならなんて言えますか？

**ポイント**
改めて導入の問いに戻り、子どもたちの思考の変容を見取る。

C51　無限の命。㉓

C52　自分の命を考えることは、ご先祖様からの命のつながりの中であることがわかって、命を大切にしていこうと思った。

C53　授業が始まって最初の頃は、B型の人しか関わっていないと思ったけれど、色々な人々が関わって命があるということがわかった。

C54　自分の命は、人の命を生きようとする力も含まれていて、他の人々の思いを受けている命をこれからも大切にしていきたいと思った。

加藤　そうですね。そういう命をこれからどう使うか考えていけるといいですね。これで終わります。㉔

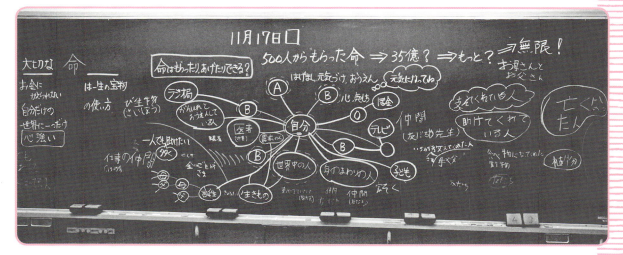

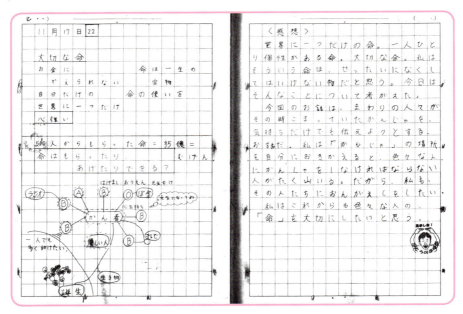

**評価（本時）**

患者を自分に置きかえ、自分自身との関わりを意識しながら命の大切さについて考えることができた。

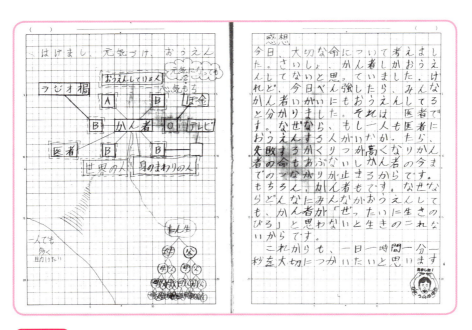

**コメント**

「ぜったいに生きのびる」という強い心が生きる力なのでしょうね。大切なことに気づいたね。これからも「生きる力」をさがしてみよう。

# 第3学年

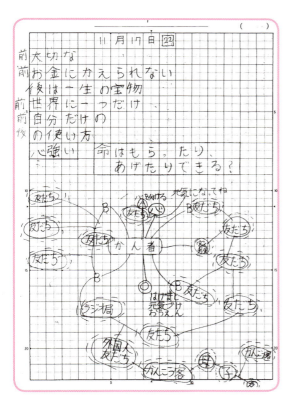

**見取り**

道徳ノートにウェビングマップの形で命を支えるもののイメージを広げ、多面・多角的な視点を身につけている。

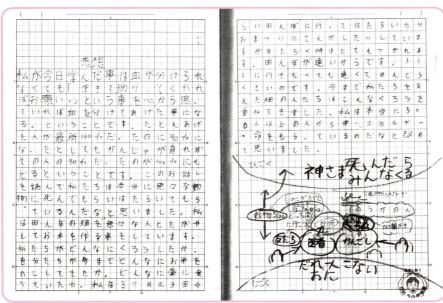

**評価（授業と日常）**

授業で学んだことと、日常生活で体験した田植えとを結びつけて考え、より深い実感を伴う学びを獲得することができた。

オリジナル教材
# いまからともだち

**1. 教材名** 　第3学年　いまからともだち

※『いまからともだち』（さく・くすのき しげのり，東洋館出版社）

**2. 内容項目** 　B：友情、信頼

**3. 授業の目標**

　どうしたら仲のよい友達ができるのかを考えてみると、単に長い時間や同じ空間を共有すればよいというわけではない。自分のことを理解し、思いを共有できるけれど、自分とは違う存在。違うからこそ互いに刺激し合い、向上できる存在。そのような友達を認め合うところから、よりよい友達関係は生まれるということを子どもたちと共有していく。

**4. 指導の留意点**

　主人公のはるか（授業ではなつきと表記）は、転校してきた学校で等身大の自分をそのまま受け入れてくれるクラスメイトに驚き、次第に心を開いていく。主人公の心の変容と、それを生んだものを明らかにしていく発問展開をすることで仲のよい友達になるために大切なことは何かに気づかせたい。

**5. 評価のポイント**

　友達のよさや友だち関係の可能性に心が動き、積極的に関わっていこうとすることがねらいである。評価の観点は下記のように、なるべく具体的に書くと分かりやすい。
①友達のよさが分かったつもりではなく、本当に分かったか。
②そのような友達なら、できそうなことを考えられるか。
③友達のよさがわかり、前向きに関わろうする意欲をもつことができたか。

> 第 3 学年

> **導入**

加藤　みんなは友達いる？❶

C多　ここにいる。

加藤　どんな友達？

C1　楽しい友達。

C2　支え合える友達。

C3　いつも一緒に仲良くできる友達。

C4　なんでも相談できる友達。楽しくできる友達。

C5　いいところを真似して自分がレベルアップできる友達。

C6　協力して仲良くして信頼関係がある友達。❷

加藤　そういう友達にいつなった？

> **ポイント**
> 本題に直結するテーマを与え、考える観点を共有させる。

C7　入学してから。

C8　でもすぐにではない。

加藤　入学してすぐに友達になった人？

C全　（挙手なし）

加藤　すぐにではない人？

C多　（挙手）

加藤　じゃあいつなったの？

C9　夏休みの少し前くらい。

C10　一人の子としゃべって友達になれたから、他の人ともしゃべっていったら夏休みの前には全員としゃべれた。

加藤　友達になるために大事なことって何？　おしゃべり？❸

> **ポイント**
> 子どもたちに予想させることで、その予想を検証するという問題解決の要素が生まれる。

C11　触れ合うこと。

C12　しゃべる前に優しさを見せること。

加藤　しゃべる前に何かありそうだね。

C13　勇気をもつこと。

C14　けんかして相手の気持ちが分かって仲良くなれる。

加藤　友達のなり方の方程式。まずけんかをします。そこからおしゃべりをします。触れ合います。仲直りをします。他の人ともけんかをします。おしゃべりをします。これで友達。（板書する）反対の人？❹

C多　（挙手）

加藤　こんなにいるの？　みんなが言ったことをまとめたんだよ？

C多　（それぞれ反論する）❺

加藤　じゃあ今日のお話に入っていきます。

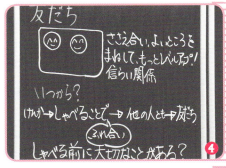

> **展開**

（教材範読）

加藤　この子たちがいい友達だと思う人？❻

C多　（挙手）

加藤　なんで？

C15　「いいよ」って言った後に「これからもよろしく」って続くと思うからすごくいい友達になれると思った。

加藤　なるほど。ということはそれまではあんまりいい友達じゃなかったの？

> **ポイント**
> 表面的な読みに流されそうになったとき、別の観点からツッコミを入れることで、子どもたちはハッとする。

加藤　前の学校の友達と今の学校の友達、違いは何？❼

C16　前の学校はいじわるしていたけど、今の学校は転校してきたからこそ、不安にならないようにしていて、迎え方に違いがある。

C17　なつきちゃんはいじわるされて、友達ができないのが当たり前と思っていたけど、今の学校はみんなが優しくしてくれた。❽

> **ポイント**
> 比較させることで、特徴が一層明確になる。しかし、比較することがゴールではない。

加藤　優しさが違うんだね。

C18　今の学校の人たちは先生から転校してくる子がいると言われたときから友達になりたいと思っていた。

加藤　迎え方が違うんだね。

C19　新しい仲間が一人増えたと思って迎えている。

加藤　そのときの顔ってどんな顔？

C20　嬉しい顔。❾

加藤　今の学校の人たちは新しい仲間が増えたと思っている。前の学校の人たちはどう思っていたんだろう？

C21　また違う人が来て少し嫌だなと思っている。

加藤　違う人が来ているのは今の学校も一緒だよね。何が違う？

C22　前の学校の人たちはいじわるをしているけど、今の学校の人たちはみんなが仲良くしたいと思って楽しみにしている。

C23　今の学校は優しく迎えてなつきちゃんが笑顔になってくれるから嬉しくなっている。

加藤　友達が喜んでくれると自分も嬉しいんだね。でも、みんな最初にけんかして、しゃべって、触れ合って、仲直りした方がいいって言ったよね。けんかしそうなのはどっちの学校？　今の学校だと思う人？❿

第 3 学年

C全 （挙手なし）
加藤 前の学校だと思う人？
C多 （挙手）⓫

> **ポイント**
> 子どもたちがはじめに予想した前提と学習中の気づきを照らし合わせ、意識の変容を自覚させる。

加藤 そうだよね。もう一つ、信頼関係って言ったけど、なつきちゃんは今の学校で本当のことを言ってる？　たくさん友達がいたって嘘をついてるよね？　でも他の人は信じちゃっているよね？　そういう信頼関係でいいの？⓬

C24 よくない。

加藤 前の学校の人たちだったら「そんなわけないじゃん」って言うかもしれないよね。そっちの方が信頼関係があるんじゃないの？　そう思う人？⓭

C少 （挙手）

加藤 今の学校の方が信頼関係があると思う人？

C多 （挙手）

加藤 なんで？　嘘をついてるんだよ？

C25 今の学校では優しく迎える空気があったから、なつきちゃんを信じていた。

加藤 なつきちゃんは今の学校の人たちが自分のことを信じて優しくしてくれるということを信じられたっていうことだね。

C26 今の学校の人たちは心が優しくて、嘘をついても信頼関係を作るために誰かが我慢しなくていいように工夫している。前の学校ではまわりの人に責められてばかりで、なつきちゃんが我慢をしていた。その違いになつきちゃんはびっくりしている。⓮

加藤 なつきちゃんは前の学校では言いたいことが言えずに我慢していたんだね。

> **ポイント**
> 子どもの発言に寄り添いながらも、教師のねらいとする本質的な読みに近づいていくようにする。

C27 なつきちゃんは転校したらいじわるをされて、友達ができないのが普通だと思っていたけど、今の学校では転校してきてすぐ仲良くしてくれて、いい友達はその日のうちにできるということが分かった。

加藤 その日のうちにできちゃうの？　じゃあ夏休み前まで待つことないんだ。その日のうちにできちゃうと思う人？

C多 （挙手）⓯

加藤 すぐできちゃうんだ。じゃあなつきちゃんの言ういまっていつなんだろう？　転校して学校に来たとき？　帰りの会

で「あ、あの、」って考えてるとき？「いまからでもいい？」って聞いたとき？ 返事をしてもらったとき？ 転校して学校に来たときだと思う人？

C多　（挙手）

加藤　ということは優しく迎え入れる空気だったら最初から友達になれるっていうこと？⓰

> **ポイント**
> タイトルを利用して考えさせることも一つのポイントである。

C多　そう。

加藤　じゃあなつきちゃんじゃなくて知らないおばあさんでも友達になれるってこと？

C28　今の学校の人たちは優しい人ばっかりだから、知らないおばあさんでも助けてみんなで支え合えると思う。

C29　今の学校の人たちは相手と分かり合えば、誰とでも仲良くなれると思う。

加藤　でもなつきちゃんは嘘をついてるから分かり合えないんじゃない？ 分かり合えると思う人？

C少　（数名挙手）⓱

加藤　分かり合えないと思う人？

C全　（挙手なし）⓲

加藤　考え中の人？

C多　（挙手）

加藤　考え中の人はもう少し考えたい？ それとも他の人の意見を聞いてみたい？

C多　聞いてみたい。

加藤　じゃあ分かり合えると思った人、どうしてそう思ったか教えて。

> **ポイント**
> すぐに答えが出ないような発問をして、どうやって考えたいかという考え方の方法も子どもたちに自己決定させる。

C30　最初は嘘をついても信じてもらえると思っていたけど、そこから嘘をつき続けるんじゃなくて、本当のことを話していたから分かり合えていると思う。⓳

加藤　なるほど。今言ったことが分かる人？

C多　（挙手）

加藤　今言ったことをどう思ったか頭の中で考えてみて。最初は顔色をうかがって嘘をついてたんだよね。でもこの人たちはいい人たちだと思って「いまからでもいい？」って聞いたよね？ これは本当のことなの？ 嘘なの？

C多　本当のこと。

加藤　考えた？ 隣同士で言ってごらん。（2分間）⓴

> **ポイント**
> このようなペアトークは形式的に行うのではなく、必要性を感じたときに臨機応変に行うことが望ましい。

**加藤** それを発表してくれる人？㉑

**C31** なつきちゃんは今の学校に来たときに前の学校みたいにいじわるされると思って嘘をついていたけど、まわりの人が優しくしてくれたから本当のことを言って友達になりたいと思った。「いまからでもいい？」と本当に思っていたことを言えたら、そこから友達になれたと思う。

**加藤** 「いまからでいい？」って言ったときに本当の自分を出せるようになったんだ。なつきちゃんはだんだん今の学校で本当の自分になれたんだね。㉒

**C31** 前の学校では自分の思っている本当のことを言ったら他の人から責められると思っていた。今の学校では、最初は嘘をついていたけど、優しくしてくれることが分かってからは自分の本当に思っていることを話そうとしているのは、なつきちゃんの勇気だと思う。㉓

**加藤** 勇気を出せるようになったんだ。だからもっといい友達になれると思ったのかな。

> **ポイント**
> 本質的な気づきが促され、価値理解が深まると、このように本時のねらいとは異なる価値も関連して出てくるものである。

**C32** 前の学校は悪いけんかだけど、今の学校の方はいいけんかになりそう。

**加藤** ただけんかをすればいいんじゃないんだ。ただしゃべればいいんじゃないんだ。やっぱりしゃべる前に大切なことがありそうだね。㉔

> **ポイント**
> 行為行動に着目させるのではなく、その行為行動を生むものはなんなのかということに言及させたい。

**C33** 悪いけんかは暴力になっちゃうけど、いいけんかは言葉で解決する。

**加藤** ちゃんと受け止めてくれる人がいるから本当に思ったことを言えるんだね。

**C34** 前の学校は悪いけんかというよりいじめだと思った。

**C35** 前の学校はなつきちゃんと友達になりたくないから、なつきちゃんが本当のことを言っても嘘だと言っていたけど、今の学校はみんながなつきちゃんと友達になりたいからなつきちゃんが嘘をついても優しくしていた。㉕

**加藤** 前の学校の人たちはまわりの人たちも責められたくないから嘘をついていて、まわりの人たち同士も本当の友達じゃ

なかったのかもしれないね。でも今の学校の人たちはみんなが友達だから、なつきちゃんが来てもその輪の中に優しく迎え入れてあげたのかな。もう一回聞くよ。なつきちゃんとみんなはいつ友達になったのかな？ ㉖

C多　「いまからでもいい？」と言ったときから。

### 終末

加藤　こうやって友達ってできあがっていくんだね。時間が必要だけど、ただ時間をだらだら過ごすだけじゃないんだよね。しゃべる前に大切なことがある。それってなんだろう？

C36　目と目を合わせて相手のことをよく知ること。 ㉗

C37　友達になりたいという気持ちをもつこと。
C38　相手のことを考えること。

加藤　こういう友達だったらどんな関係をつくっていけそうですか？

**ポイント**
自分たちが見つけた友達観、それをもとにした実生活での展望、希望を語らせることで実践意欲がわいてくる。

C39　友達から親友になる。
C40　宝物のようなすてきな友達。 ㉘
C41　支え合って信頼し合える友達。

加藤　今日はこのお話から友達っていつからなれるの？　どういうのが友達なの？　ということを考えました。きっとこういう友達だったら宝物のような親友になれるんじゃないかな。みんなもこれからそういう時間を過ごして欲しいなと思いました。これで終わります。 ㉙

**ポイント**
終末は子どもたちの心を軽くするような明るい未来を語って簡潔に終わりたい。

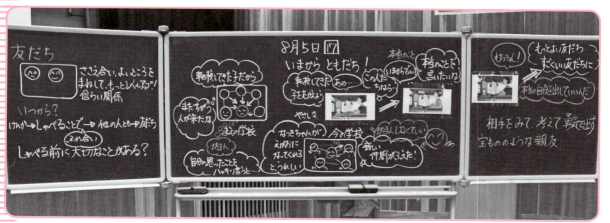

第 3 学年

**評価**

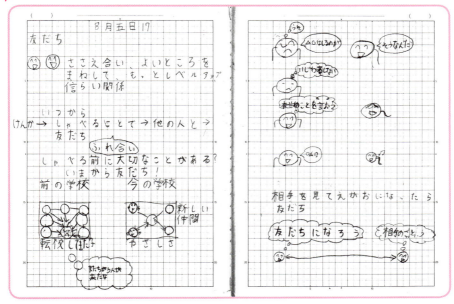

### 見取り・コメント

前の学校と今の学校を図式化しながら分かりやすくまとめることができています。そこから気がついたことや今の学校のよさを自分の言葉でまとめ発表できるといいですね。授業中に時間がなかったら、家に帰ってからじっくりとまとめましょうね。

### 見取り

主人公のなつきがどうすべきだったかを、相互理解・友情の観点から考察できている。

### 授業の評価（本時）

教材を通して、相手に合わせることと本当の気持ちを伝えることでは、どちらが仲良くできるかというように、観点をもって考えることができた。その結果、深い読みができるようになった。

# 第4学年 心と心のあく手

**1. 教材名** 　第4学年　心と心のあく手

**2. 内容項目** 　B：親切、思いやり

**3. 授業の目標** 　親切というのは、表面上は「何かをしてあげる」という行動として現れるが、それが全てではない。むしろ、どのような心からそれをしたかが重要である。どんなに立派な行動であっても、それが自分本位のものなら、それは親切とは呼ばない。相手の喜びを自分の喜びとするところに本質がある。

**4. 指導の留意点** 　本教材には二つの「親切」が描かれている。まずは、どちらの親切も大切であることを押さえたい。はじめの断られてしまった親切も、しなければよかったということではない。それを押さえた上で、後の方の親切のよさを考えさせる。その中で、相手のことを理解し、相手に応じた思いやりの対応ができることが本当の親切なのだということに気づかせたい。「心と心のあく手」という題名を利用して、あく手をしたのはいつかを考えさせるのもおもしろい。

**5. 評価のポイント** 　相手の立場に立った親切の大切さを理解させ、そのよさや自分にできることを考えさせるのがねらいである。そのため、はじめと終わりに同じ問いをして、意識の変容や学びの足跡を見取り、意味づけすることが評価のポイント。授業後にどのような実践につなげることができたかを見取ることも大切である。

# 第4学年

> 導入

加藤　私が黒板に書く言葉をノートに書きながら考えてみてください。親切な人とはどんな人ですか？❶

C1　人を喜ばせる人。

加藤　うん、人を喜ばせる人！　同じような考えの人？　付け足しがある人？

C2　人を笑顔にする人。

加藤　うん、喜んだ笑顔だね。

C多　(挙手)

加藤　まだまだあるみたいね。はい！

C3　電車とかで席を譲る人。

加藤　なるほど。具体的な話だね。席を譲ったことがある人？

C多　(挙手)❷

加藤　おー！　すごいですね。私の担任しているクラスの子が日記を書いてきました。ちょっと読むね。「道徳の授業で親切について勉強したので、電車でおばあさんに席を譲ってあげました。ありがとうと言ってくれたので、私も嬉しくなりました」この子の親切レベルは、どれくらい？

> ポイント

あえて親切レベルと称して数値で表現させることで、親切という観点でものごとを見る心構えを持たせる。

C多　(それぞれ答える)うーん。マックス！

加藤　マックス？　じゃあ100点満点で指で表してみて。せーの！

C全　(それぞれ手で表す)❸

加藤　えー！　なんでそんなに分かれるの？　100点と思った人？

C少　(5人挙手)

加藤　少ないね。人を喜ばせて笑顔にさせて、さっき出たことに全部当てはまるのに、なんで100点じゃないの？

> ポイント

はじめに設定した「親切の条件」をクリアしているけれど、何か足りないという気づきを促し、問題意識をもたせる。

C4　道徳の授業でやったからとか、お年寄りだから手伝うっているのはちょっと微妙だと思う。道徳の授業がなかったら譲らなかったかもしれないから85点くらい。❹

加藤　なるほどー！　道徳の授業でやったから譲ったのではダメなんだね。C4さんの言ったことが分かる人？

C多　(迷った様子で半数以上が挙手)

加藤　では、この辺を今日は考えていきます。今日読むのは「心と心のあく手」です。お話に出てくる2つの場面の絵を見せます。どっちの親切レベルが高いですか？❺

C全　(おばあさんを助けている左の場面に挙手)

> 展開

加藤　そうだよね。では読みます。
（教材範読）
加藤　（前半の場面まで読んで）ここで1回閉じて。今のぼくは親切レベル何点？　せーの！
C全　（それぞれ手で表すが、迷っている子が多い）
加藤　どうしてその点数にしたのかお隣の人と相談してみて。（隣がいない子の横に座り話を聞く）なるほど。❻
　　　さっきお話した先生のクラスの子と、この場面のぼくとどっちのレベルが高い？　ぼくだと思う人？
C多　挙手

加藤　どうして？　だって、電車で席を譲った子は座ってもらった。でも、ぼくは親切を受け取ってもらえなかった。それなのに、どうしてぼくの方が親切レベルが高いの？

> ポイント
>
> 「はじめの自分たちの親切に対する考え」と「教材の中の親切」とを比較させることで、具体的に何が違うのか、よさはどこにあるのかが考えやすくなる。

C5　断られても親切をしたことに変わりない。❼
加藤　電車を譲った子も親切だよね。どっちが心と心のあく手ができているでしょう？
C全　（迷っている）
C6　両方！

加藤　両方？　続きを読むよ。（2つ目の場面を読む）❽
加藤　2つ目の場面と前の場面では、どっちが親切レベルが高いと思う？　1つ目の場面だと思う人？
C7　（迷って挙手なし）
C多　同点！
加藤　どうして？　2つ目の場面は最初にみんなが言ったような、人を喜ばせたり笑顔にさせたり何もしてないよ？
C8　おばあさんは歩く練習をしているから、声をかけないでおくことも親切。❾

加藤　ああ、何かしてあげるだけが親切じゃないってことか。
C9　めんどうくさいと嫌がられない適度の間を取ったんだと思う。だから、同点だと思う。
C10　右の場面では、もし大きい石があって転びそうになったら助けられるし、ただ後ろをついて行っているだけじゃないから、何もしてないわけじゃないと思う。❿

加藤　何も考えてないわけじゃないのか。なるほど。もしおばあさんが転びそうになったらどうしたの？
C多　助けた。

第4学年

加藤　だからついて行ったんだね。そういうことか。このときのぼくは、何にもしてないけど、何をしてるんだろう？

> **ポイント**
> 子どもたちの発言を意味づけしながら本質的な部分を押さえ、新たな気づきを得られるように問い返しをする。

C11　目には見えない親切をしている。⓫

C12　心の中で守ってあげている。

加藤　左の場面は？

C12　自分から声をかけている親切。

加藤　左と右の違いで付け足しはある？

C13　左は知らないおばあさんに声をかけているけど、右は知っていて見守っている。⓬

加藤　右も知らないおばあさんじゃないの？

C13　左の場面で知り合っているから、知らない人ではない。

加藤　知っているというのは、何を知っているの？　顔？　名前？

C14　足が不自由で歩く練習をしていることを知っている。

加藤　左の場面では、知らない人に声をかけて勇気があるように思うんだけど、左のぼくはダメなの？

C多　ダメじゃないよ。

加藤　違いはなに？　左は知らない上でやった。右は知っていて、親切にしていないよね。

C15　親切にしているけど、行動には表れていない。⓭

C16　ぼくは後ろからついて行っているので、行動だと思う。

加藤　なるほど。親切って声をかけてあげるってことだけじゃないんだね。左のぼくと右のぼく、どっちが好き？⓮

> **ポイント**
> 登場人物の行動の意味を知的に理解させた上で、次に情的な共感を促す。そのためのどちらが好きかという問いである。

C全　（右と両方、半分ずつくらいで挙手）

加藤　右の人は、どうして右が好きだと思うの？

C17　右の方は、何でも助けてしまうと歩く練習ができないから、それを分かっているところがいいと思う。

加藤　最初に道徳で習ったから（黄色で書く）お年寄りだから（水色で書く）手伝うっていうのも微妙だって言ったよね。左の場面はどこでできそう？⓯

C18　黄色でも水色でもできる。

C19　それ以外の3つ目が出てきそう。

 ポイント

子どもの側から「3つ目」という意見が出たところが、本時のポイント。この気づきを促すために、意図的に1つ目と2つ目を提示していたので、すかさず取り上げ全体に広める。

加藤　3つ目って何？　電車での行為も、左の場面も右の場面もどれも親切だよね？　1つ目の「道徳で習ったから」と2つ目の「お年寄りだから」も悪いわけではないよね？

C20　でも3つ目が一番いい。

C21　3つ目は、軽い気持ちじゃなくて、自分の本当の気持ち。

C22　口に出さなくても心の中にある本当の気持ち。

加藤　3つ目は本当の気持ちだね。（オレンジで板書する）⓰

C23　（前に出て黒板を指しながら）お年寄りだからではなくて、自分から人に進んで親切にしたいと思う気持ち。⓱

C24　自分がよく知っているから手伝いたいという気持ち。

加藤　知っているからこそ、できた親切があるんだね。

C25　心の中で自分から進んで守る。

加藤　必要だったら声をかけるし、必要でないなら声をかけずに、自分の心の中で見守る。それは、何もしていないから親切をしてないというわけじゃないんだね。

C26　お年寄りだからとか、人から教わったからということではなくて、自分だけの親切がある。⓲

加藤　なるほど。お年寄りだからではなくて、色々な人に何かできないか考えるのが自分だけの親切なんだね。本当の気持ちで親切をしたら、どんなことができそう？

C27　相手にとって一番ふさわしいことができる。

C28　自分ができる全ての親切ができると思う。

C29　おばあさんだけでなくて、どんな人にも、その人に合わせて親切にできそう。

加藤　そんなことができたら、すごいね。そういう風に考えられたみんなは、自分だけの親切ができそうだね。⓳

 ポイント

終末では、よき心に気付くことができたみなさんなら、きっと実生活でもできるというような自己肯定感を高める投げかけをしてあげたい。これが励ましであり、評価になる。

加藤　この教材は「心と心のあく手」というんだけど、いつあく手した？　左の場面だと思う人？

C少　（挙手）

加藤　2人だけ？　わけを言える？

C30　声をかけているときに、もうあく手している。⓴

加藤　そうだねよ。右の場面だと思う人？

C少　（挙手。多くの子どもが迷っている）

**第4学年**

C31 左ではおばあさんの殻を破れなかったけど、右では大事なものを見ることができた。㉑

加藤 ああそうか、そうやってぼくは一皮むけて、大事なものを見ることができたんだね。そうすると自然に一番相手にふさわしい行動が取れるようになる。親切な人っていうのは、お年寄りに何かするとか、道徳で学んだことをするということではないんだね。

C32 お年寄りに何かするとか、道徳で習ったからするのがダメなんじゃなくて、そこに心を混ぜて、両方使って親切にしてあげるのが大事だと思う。㉒

加藤 本当の気持ちに相談して考えれば、お年寄りだからという考えでやるのも悪くはないね。みんなにも右の場面のように、何もしてくれなくても親切な心を持って見守ってくれている人が、たくさんいるんじゃないかな？　そういう心をもって、人に接すると世界が広がり心の広い人になれるかもしれません。

**終末**

加藤 今、もう一度、親切な人ってどういう人って聞かれたらどう答える？㉓

**ポイント**
導入時と同じ発問をすることで、子どもたちの本時での学びや、変容を見取る。子どもたち自身も自分の学びを実感をもって捉え、自己評価できる。

C33 相手のことを考えて自分ができることを探してする人。
C34 親切にして終わりってことじゃなくて、その後も続く。
C35 心からの気持ちで自分だけの親切をできる人はみんな、親切な人だと思う。㉔

加藤 そんな世界になったら素敵ですね。終わります。

**評価**

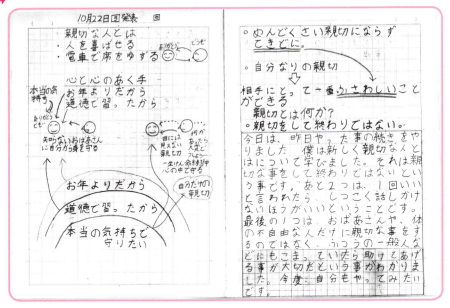

**複数時間の評価**

例えば親切の授業では、前時の学習をもとにさらに深く考え、何を学んだのかを自分の言葉で説明することができた。その上で、「自分もやってみたい」というように、実生活に生かそうとする意欲をもつことができた。

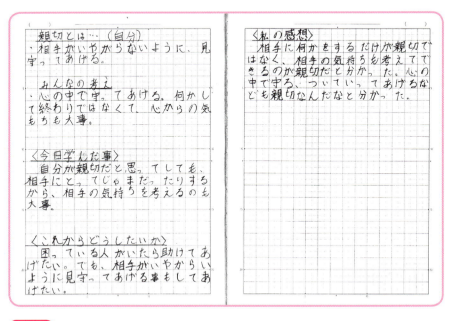

**見取り**

「今日学んだこと」「これからどうしたいか」など、項目を立てながら自分なりのまとめができているところを評価したい。主体的に考え、工夫し、自分の生活をよりよくしよう、質の高い学びをしようとする意欲のあらわれである。

# 第4学年

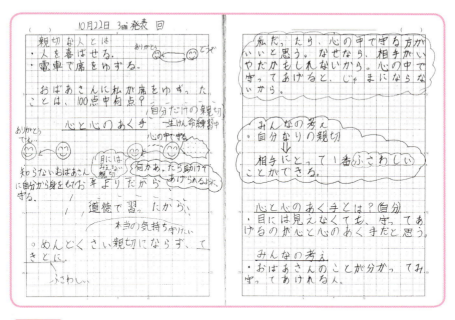

**コメント**

みんなの考えと自分の考えを照らし合わせながら、深く考えることができましたね。「自分だったらこうする」という考え方ができたこともナイスです。自分の考えをもう少しくわしく書いてくれると、もっとよかったです。

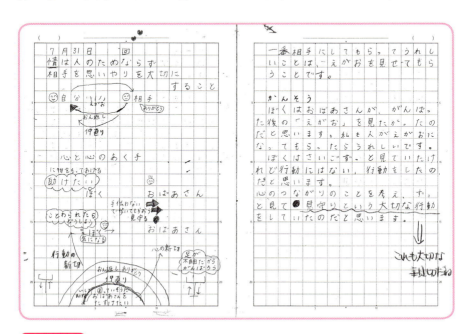

**授業内評価**

親切とは何かということについて、構造的に分析し、捉え直すことができた。その中から行為にはあらわれない相手を思いやるよさについて気づくことができた。

# 第5学年 雨のバス停留所で

| 1. 教材名 | 第5学年　雨のバス停留所で |
|---|---|

※この教材は中学年で扱われることが多いが、今回は5年生で行った実践を掲載

| 2. 内容項目 | C：規則の尊重 |
|---|---|

| 3. 授業の目標 |
|---|

「なぜきまりを守るのか」という問いになんと答えるか。「きまりだから」「破ると罰があるから」といった類いの答えは、低学年のうちに卒業したい。極端な話、一人で生きていくのであればきまりごとはいらないかもしれない。おおもとにあるのは、みんなで気持ちよく生活するための約束事＝公徳心である。それを押さえた上で授業に臨みたい。

| 4. 指導の留意点 |
|---|

本教材は、きまりを破ったよし子が、母親からたしなめられて自分の行動を振り返り、反省する。そこから読み取れる内容は、きまりを破ると他人が嫌な思いをするということである。しかし、きまりだから守るのか、きまりでなかったら守らなくていいのか、なんのために守るのかというテーマを設定し、そこに焦点を当てて考えさせる。

| 5. 評価のポイント |
|---|

ねらいを具体化・複数化し、本時で何がしたいのかを明確にする。
①きまりがあるから守るのではなく、みんなで守りたいものがきまりになっていることが分かる。
②主体的に守ろうとする人たちによって、よりよい社会が創りあげられることに共感し、自分もその中の一人であろうとする。
　このように具体的に見通しを立てることで、手立ても明確になり、その結果として子どもたちの反応から、本時の授業評価が自ずとできるようになる。

# 第5学年

### 導入

**加藤** きまりを守るための効果的な方法とはなんですか？
**C1** 罰を与えること。（1と番号を振る）
**加藤** それ以外にありますか？
**C2** しつけをする。（2と番号を振る）
**加藤** 他にもあるのでは？（3と番号を振る）❶
公衆のトイレに「いつも綺麗に使っていただき、ご協力ありがとうございます」という張り紙がありますね。みなさんはそれで綺麗にしようとしますか？ 罰金を取る方が綺麗になりますか？
**C多** それは罰金を取る方でしょ！❷

> **ポイント**
> 導入では、きまりを守るための向き合い方について、子どもに立場を選択させ比較させることで問題意識をもたせる。身近にあるきまりやルール、マナーなどを例示することで子どもも想像しやすくなる。

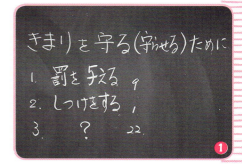

### 展開

（教材範読）
**加藤** よし子さんは、どの辺りにいましたか？❸

> **ポイント**
> 黒板中央に「バスの停留所」を図示し、登場人物の立ち位置を確認させることで状況を具体的に把握させる。

**C多** 店の軒下。
**加藤** よし子さんがしたことはよいと思う人？ 悪いと思う人？❹

> **ポイント**
> 「よし子さんがしたことはよいことか、悪いことか？」という発問から、子どもの立場を選択させ、その根拠をもとに議論を深めていく。

**C多** （2名以外は「悪い」に挙手）
**加藤** 悪くないと思った人、理由を教えてください。
**C3** 雨宿りをしているわけだから、抜かしてもいいと思う。❺
**C4** 雨宿りをしている先頭の人は、一番早くに来てそこに並びはじめたのだから抜かすのはおかしい。
**C5** よし子さんは、タバコ屋さんの前で並んでいることを理解していたわけだから、抜かそうとするのはおかしい。
**加藤** よし子さんは、理解していたのだから、それを無視して抜かそうとするのはおかしいと思うんだね。
**C6** でも、タバコ屋さんの軒下に並んで待っているというきまりはないよね。

加藤　そうだね。だからきまりを破っているわけではないんだよね。では、仮に「順番に待っている人からバスに乗りましょう」というきまりがあったら？❻

C多　それは守る。

C7　きまりがなくても、常識として順番は守るというのは知っているだろうし、抜かしてしまったらまわりの人から白い目で見られてしまう。❼

C8　抜かしていいとなると他の人が並んでいたのが意味なくなるし、きまりはないのはみんなも同じ状態だと思う。

C9　C7さんが白い目で見られると言ったけれど、そういう人は列の前の方にいる人だけかもしれないし、また違う目的で並んでいる人もいるかもしれないのでは。

加藤　もしかしたら、雨宿りしている人がいるかもしれませんね。

C10　色々な目的で軒下にいるかもしれないし、順番もわからなくなってしまいそう。❽

加藤　だから、よし子さんのしたことは悪いわけではないんだね。きまりではないし、ただ雨宿りしている人もいるかもしれないからね。

「よい」「悪い」それぞれの立場の理由を丁寧に受け止めることで、子どもは安心して自分の考えを伝えることができる。

C11　でも、雨宿りしている人以外にバスを並んで待っている人もいるかもしれないと考えると、待つべきだと思う。

C12　きまりがあるかないかの前に、マナーが悪いと思う。待つのは常識だし、不快に思う人が出てくるのは当然だし、それを感じないのはおかしいと思う。

加藤　きまりを守るとか破るとかではなくて、まわりの人が不快に思うかどうかなんだね。❾

C12の発言から、きまりやルールという視点からマナーの視点に変化したことを確認する。

C13　でも、どこまでが常識の範囲かは難しい。

加藤　例えば、きまりを作ってそれを守らないと罰金を取るという世界になった場合、そういう世界に住みたいと思う人？

C14　ズルがなくなるなら住んでもいいかも。

C15　きまりを守る人が増えて、実はみんなを守ってくれるかもしれない。

C16　私は反対で、みんなが常識をもって過ごそうとすればいいのでなないかと思う。守らない心があるからきまりを作らなくてはいけないのだと思う。❿

加藤　もし、この場面でみなさんがこの列の先頭に立っていたら

どうですか？ ⓫

> **ポイント**
> バスを待つ人への自我関与を促すために「もし自分が先頭に立っていたらどうか」という発問を投げかける。

**C17** 声をかけるかどうかは難しい。相手によるかもしれない。

**加藤** よし子さんのお母さんが、よし子さんをグッと引っ張ったのはどうしてでしょうか？　これはしつけだと思う人？　白い目で見られるのが嫌でやったと思う人？　それ以外の人？

> **ポイント**
> 続けてよし子さんのお母さんへの自我関与を促すために、子どもの発言の内容を生かし、立場を選択させる。

**C多** （友達の反応を見ながら、思い思いに挙手する）⓬

**C18** バスを待っている人たちは、みんな同じ立場なのに、よし子さんが前に来たら不快に思うから、よし子さんには自分がやっていることをもう一度考え直して欲しいと思った。

**加藤** バスを待っている人とよし子さんの違いはなんですか？

**C19** バスを待っている人は、他の人たちのことも考えている。

**C20** 工夫してみんながバスに気持ちよくスムーズに乗れるようにして、それも「きまり」なんだと思う。⓭

**加藤** C20さんの言ったことわかる？　もう一回言ってくれる？

**C20** みんなが気持ちよくできるようにするのも「きまり」なんだと思う。

**終末**

**加藤** では、改めて聞きましょう。きまりを守るために効果的な方法とはなんですか？　1番の「罰を与える」だと思う人？　2番の「しつけをする」だと思う人？　3番の「それ以外」だと思う人？⓮

**C多** （3番「それ以外」挙手）

> **ポイント**
> C20の発言から子どものきまりやルールに対する向き合い方についての考えが深まってきたところで、導入の発問に立ち返り思考の変容を引き出す。

**C21** 相手の気持ちを考えることが大切。

**加藤** なるほど、相手意識をもって過ごし方を考えるというのはC20さんが言ってくれた「気持ちよくスムーズに乗れるように」とつながりますね。

**C22** 付け足しで、まわりの人の気持ちを考えて、標語に頼るのではなくて、自分自身が心がけようとすることが大切。⓯

**加藤** 標語ではなく、心なんだね。

C23　人間としての常識を理解することも大切。

C24　きまりは守るためではなく、みんなが気持ちよく過ごすためにあるわけだから、罰を与えればいいわけではない。相手の気持ちを考えるという方を大切にしたい。⑯

加藤　今、C24さんの言った「きまりは守るためのものではない」という意味がわかりましたか？

C多　（頷く）

> **ポイント**
> C24の発言の内容をクラス全体で確認、共有することで他の子どもの思考を深めさせることができる。

加藤　では、何を守るのでしょうか？⑰

C多　（「人の命」「人の生き方」など、それぞれつぶやく）

C25　まわりの人の心。

C26　みんなの考え。

加藤　きまりは、最初からあったのではありませんね。まわりの人の心や気持ちを考えること出てくるのかもしれません。こういう心を公徳心と呼びます。最後に、みなさんだったら、今日出された意見の中でどんな世界に住みたいと思いますか？　1番「無法地帯」、2番「全部きまり」、3番「相手意識をもって」、4番「人として考えられる」⑱

> **ポイント**
> 「どんな世界に住みたいか？」と発問することで、理想とする世界・社会を自分ごととして考えさせ、きまりやルール、マナーに対する捉え方を他の子どもと比べられるようにする。

C多　（3番「相手意識をもって」、4番「人として考える」挙手）

加藤　4番の世界に手をあげている人が多いですが、なかなか難しい面もありますよね。でもそれを考えていくことが大切だと思います。C20さんの「みんながバスに気持ちよくスムーズに乗れるように」という意見ともつながってきますね。今日はきまりについて考えました。⑲

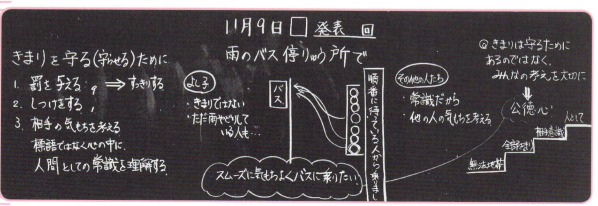

# 第5学年

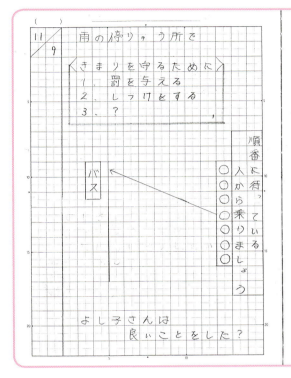
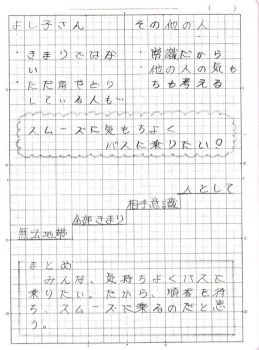

### 道徳ノートからの見取り

- テーマ、問題意識、授業中の気づき（図解）、まとめというように、丁寧に、思考の手順が分かるように整理して書かれている。このように、ノートに整理して書くことができるということは、思考も整理されていると考えられる。逆に言うと、整理して書くことで思考も整理されるのである。だらだらと書かせるのではなく、ノートを上手にレイアウトさせるのも大切である。
- まとめの記述をもっと書かせたい。使うべきキーワードを指示したり、行数を指定したりして家庭学習で取り組むよう促す。

### コメント

とても見やすくノートにまとめることができました。頭の中でしっかり整理され、理解している証拠です。これからは、自分の思ったことをノート半ページ書きましょう。

そのときに、家に帰ってからじっくり考え直したり、友達の意見を参考にしたりするとよいですよ。がんばってください。

### 評価（大くくり）

毎時間、きちんとノートを取るだけでなく、自分なりの工夫をしながら分かりやすくまとめ、考えを整理することができた。

| 1. 教材名 | 第5学年　手品師 |

| 2. 内容項目 | A：正直、誠実・明朗 |

| 3. 授業の目標 |

　正直というのは本当のことを言うことだけではない。むしろ本当のことを言わない方がよいこともあるし、「嘘も方便」と言われるように、嘘をつかなければならないときもある。

　誠実もそうである。何の迷いもなく道徳的に正しいことに一直線に突き進むことが誠実なのか。そのような「これを守ればよい」というような行動規範では片付けられないところに真の誠実性があると考える。

| 4. 指導の留意点 |

　本教材の見栄えのよさに流されてしまわないようにしたい。つまり、男の子の方へ行くことが誠実であり、大劇場に行くことは男の子との約束を破ることになるから、誠実ではないという前提条件である。これを崩さなければ、それこそ「お約束」の授業になってしまう。どちらに行くこともあってよいというように、一旦フラットにして考えさせることで、子どもたちも本気で考えるようになる。

| 5. 評価のポイント |

　「初めは誠実というのは、約束を守ることだと思っていたけれど、授業をして悩んだことが、この手品師のよさだと感じた。そのような誠実さがあこがれだ」という感想を書いた子どもがいたが、ここから評価の観点が見えてくる。

　はじめと終わりの意識の変容、心の動き、実生活への展望が書かれている。道徳の評価で重要なのは、これを意味づけし見取っていくことだ。

第 5 学年

> **導入**

**加藤** 誠実な人とはどんな人でしょうか？ ❶
**C 1** 偽りがなくて正直な人。
**加藤** 同じように思っている人？ それ以外の人？
**C 2** 真心がこもって真面目な人。
**C 3** 素直な人。
**C 4** 今、嘘をついていいかどうかを考え、使い分けられる人。
**加藤** 今C4さんの言ったことがわかった人？ 嘘を使い分ける？ 誠実な人は嘘を使い分けるんだね。

> **ポイント**
> C4の発言の内容をきっかけに「嘘を使い分ける」ということの意味について考えさせる。

**C 5** 嘘には、いい嘘と悪い嘘とがあって、いい嘘のことを言っていると思う。 ❷
**C 6** 冗談もそう。
**C 7** 嘘も方便と言う。
**加藤** C4さん、言いたいことはそれでいい？
**C 4** （頷く）
**C 8** そしたら（C1さんが言った）偽りがなく正直な人は違うんじゃない？ ❸
**加藤** そうだと思う人？ 違うと思う人？ どういうことだろう？

> **ポイント**
> C8から生まれた問題意識をクラス全体に広げるために、「そうだと思うか、思わないか」選択させるようにする。

**C 9** 「嘘を使い分けられる」というのは、いい嘘と関係があって、「偽りがなく正直」というのは、悪い嘘と関係がある。
**C10** 偽りがない方がいいけれど、嘘が人のためになることもあると思う。
**加藤** C10さんは、また違う考えだね。 ❹
**C11** 優しい嘘と都合が悪くてつく嘘は違うと思う。
**C12** 僕も家に遅く帰ってきたときに、お母さんから「なんで遅いの？」と聞かれて嘘をつくことがあるし、他の人もそういうことはあると思う。 ❺

> **ポイント**
> 問題意識が深まってくると、自ずと子どもは経験を想起して考えるようになる。

**加藤** 今日は「手品師」というお話です。手品師は誠実でしょうか？

❶

❷

❸

❹

❺

075

> **展開**

（教材範読）

加藤　どうでしたか？
C13　誠実だと思う。
加藤　そう思う人？
C多　（挙手）❻
加藤　理由は？
C14　男の子との約束を守ったから。
C15　たとえ自分が大劇場へのチャンスがあったとしても、男の子のところへ行ったから。
C16　自分が出たい大劇場に出ず、自分のためでなく人のために行動をしたから。❼

C17　もし、手品師が大劇場に行ったら「偽りがなく、正直な人」とは言えないと思う。
C18　手品師は男の子を大劇場に連れて行けばよかったと思う。
加藤　そういう方法もあったけど、手品師はしなかったんだよね。

> **ポイント**
> 新たな手段を取り上げたC18の意見も受け止め、手品師の行為の誠実性について議論を展開していく。

C19　手品師は素直だと思う。売れっ子になるよりも約束を守ったから。
C20　自分の願いより人の思いを考えた。❽

加藤　手品師の本当の願いはなんだったんだろう？
C21　大劇場に出ること。
加藤　ということは、大劇場に出ることが正直ではないのですか？　そう思う人？❾
C全　（挙手なし）
C22　男の子につく嘘は優しい嘘ではなく、裏切りの嘘。手品師は男の子を裏切る自分を許せなかったと思う。
加藤　出たいという自分を許せなかったんだね。
C23　大劇場に出たかったけれど、男の子を元気にさせたかった。
加藤　元気にさせたいという心からなんだね。

C24　大劇場に出るためにつく嘘は、嘘を使いこなしている感じがする。「僕にとっては大事な約束」とあるように、人にとってはそうではなくても、手品師にとっては大切で破ってはいけない男の子との約束だと思う。❿
加藤　他の人にとっては軽いかもしれないけれど、手品師にとっては重かったんだね。
C25　手品師は、男の子が笑ってくれたからそれが嬉しくなってまた笑顔を見たいと思ったはず。手品師の仕事は、人を笑顔にすることだから、一人を笑顔にできないといけないと

思ったのかもしれない。

加藤　一人を笑顔にさせないといけないと思ったんだね。そういう考えもあると思う人？⓫

C多　（挙手）

> **ポイント**
> 「大劇場に出ることは正直ではないのか？」という批判的な発問から生まれたC22〜25の意見に対して、教師は相槌を打ったり、言葉を繰り返したり、言い換えたりしながらクラス全体に問題意識を広げていく。

C26　でも、大劇場に行けば大勢を笑顔にすることができるよ。⓬

加藤　なるほど。手品師の仕事は人を笑顔にすることですね。大劇場に行けば、何百何千人を笑顔にすることができるかもしれません。男の子のところに行けば、一人の男の子を笑顔にすることができます。笑顔を増やすなら大劇場に行った方がいいと思う人？

C全　（挙手なし）

> **ポイント**
> 笑顔になる人数を話題に、大劇場の場面と男の子に手品を披露する場面とを比較させることで、手品師の誠実さについて深く切り込んでいく。

加藤　どうして？

C27　男の子も観客の一人だし、男の子と約束をしているから。⓭

C28　男の子のところに行く方が真心がこもっていると思う。

加藤　C28さんが言った真心について、みんなはどっちが真心があると思いますか？

> **ポイント**
> 今度はC28から出された「真心」を話題に、2つの場面を比較させる。

C多　（「男の子のところに行く」に挙手）⓮

C29　大劇場に行くということは、悪い嘘をつくことになるから真心はないと思う。

C30　でも手品師は両方行きたいと思ったかもしれない。なぜなら、大劇場の人にも悪い気がするから。

加藤　なるほど。電話をくれた人にはどうなんだろうね。

C30　せっかく期待されているのにね。⓯

加藤　期待に応えたい気持ちはあるよね。男の子のところに行く手品師の顔はどんな顔？　大劇場に行く手品師の顔はどんな顔？

C全 （想像する）

加藤 （大劇場に行く笑顔の手品師を描きながら）約束したから仕方なく男の子の方に行ったの？ ⓰

C多 違う！

> **ポイント**
> 手品師の心情を表情から考えさせることで、より子どもの想像力が膨らむ。

C31 手品師は、男の子を笑顔にすることで自分も笑顔になるんじゃないかなと思った。

加藤 仕方なしではないんだね。

C32 大切な約束をして男の子のために手品をするのと大劇場に推薦されて手品を観客にするのとでは、手品師にとって違うと思う。 ⓱

加藤 ただ観客が大勢いるよりも自分のことを思っていてくれる一人がいる方が自分も笑顔になれると思ったんだね。

C33 大劇場はたくさんの人がいるけれど、男の子はたった一人しかいないから。

加藤 ならば、迷わずにパッと男の子のところへ行けばよかったのでは？ その方が誠実だと思いませんか？

C34 手品師が大劇場に行きたいことも誠実だし、約束を守ることは男の子に対しても誠実だと思う。 ⓲

加藤 C34さんの意見を聞いてどうですか？ 自分はどう考えるか、近くの人と話し合って自分の言葉で言えるようにしましょう。（2分間） ⓳

> **ポイント**
> 手品師が葛藤する姿を通して、誠実について考えさせる場面。C34から出された「誠実についての2つの捉え方」をきっかけに話し合い活動をして、子どもの問題意識を高めていく。

C35 電話してきた友人を裏切りたくなかったし、男の子も裏切りたくなかったから迷ったと思う。

加藤 どちらも裏切りたくないと思ったんだね。

C36 一つを選ばなければならなかったから裏切ったわけではない。

C37 でも、手品師の夢は大劇場に出ることだから、男の子を選ぶのはおかしいと思う。

加藤 そうだね、おかしいね。手品師は大劇場に立つためにこれまでどれだけ苦労してきたのだろう？ ⓴

C38 パンを買うこともできない暮らしぶりだから、大劇場に行けば困らないし大チャンス。でも、男の子との約束の方が大切だと思った。でも、大劇場に行けば夢がかなうし、期待もかけられていたから迷ったと思う。

加藤　一生懸命考えたところにも誠実さがあるということだね。
C39　自分の夢と男の子を守ることのどちらを優先するか考えることが素直なことだと思う。㉑

**ポイント**

C35の発言をきっかけに、迷いに迷う手品師の姿に誠実さや素直さを見出していく子どもの発言。C37のように、手品師の判断を批判的に捉える発言も丁寧に受け止めながら、それでも男の子の方を選ぶに至った葛藤に焦点を絞る。

## 終末

加藤　みんなはどちらの手品を見てみたいですか？　大劇場での手品？　男の子の前で見せた手品？㉒
C多　（「男の子の前で見せた手品」に挙手）
C40　自分のために約束を守ってくれた手品を見たいから。
加藤　迷いに迷った手品師は誠実なのだろうか？
C多　誠実だと思う。
C41　迷いに迷って男の子との約束を守ることが誠実だと思う。
C42　迷って大劇場へ行って、男の子が泣いたり悲しんだりしたら、それはよくないと思う。でも、もし大劇場に行っても、それで有名な手品師になって、男の子のところに来てくれたとしたら誠実だと思う。㉓
加藤　なるほど。この手品師なら来てくれるかもしれませんね。さて、改めて誠実な人とはどういう人なのでしょうか？
C43　自分にも人にも素直な人。
C44　人との約束を守れる人。
加藤　今日は誠実な人とはどういう人か考えました。誠実な人とはどういう人か、また手品師についてどう思ったかをノートに整理して提出してください。㉔

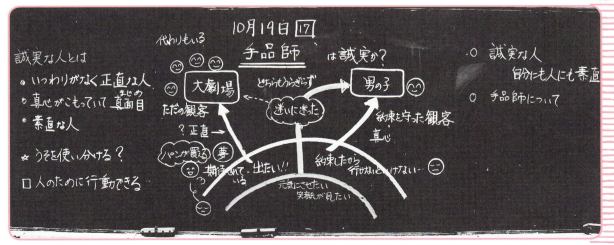

### 見取り

「迷いに迷った」手品師の人間性に触れ、「私はこう思う」というように、自分なりの見解をまとめることができているところがよい。そこから「真のやさしい人」という言葉が生まれてきているのであろう。「真の○○」というキーワードは、どの授業にも見られるものであるが、価値の再認識ができているからこそ使うことのできる言葉である。

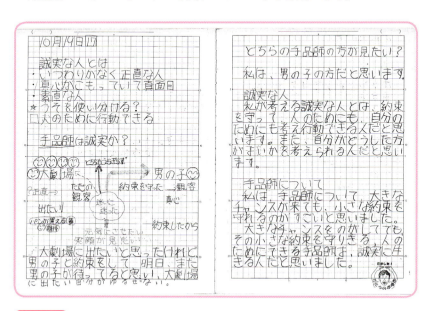

### コメント

誠実な人とはどういう人かについて、手品師の生き方を通してよく考えました。さらに「なぜそう思ったのか」を具体的に書くことができるともっとよいですね。これからはそのようなことも意識しながら道徳ノートをまとめてください。

# 第5学年

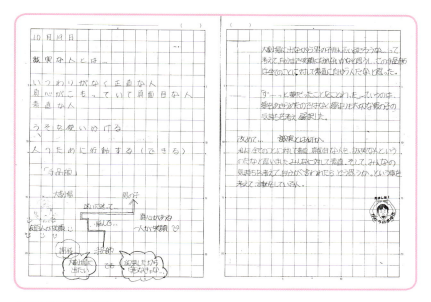

**評価（授業態度）**

友達の意見をよく聞き、それを取り入れながら自分の意見を改めて考え直すことができている。

自分なりの工夫をして考え、図式化をノートに展開していることにより、思考の促進がしっかりとなされていることがうかがえる。

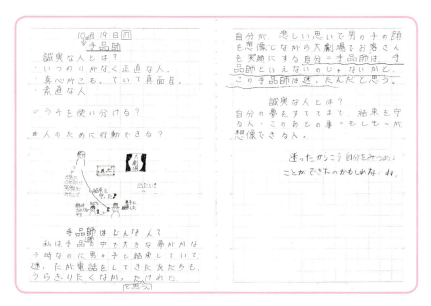

**評価（授業内容）**

誠実について、ただ約束を守る、まじめに取り組むということだけではなく、他の人の気持ちや「もし…だったら」などと先のことを想像するとどうかなど、様々な観点から多面的・多角的に考えることができた。

# 第6学年 最後のおくり物

**1. 教材名**
第6学年　最後のおくり物

**2. 内容項目**
B：親切、思いやり

**3. 授業の目標**
「親切・思いやり」の最終的な到達点は、相手に寄り添い、自らの損得勘定や打算を抜きにしてできること、そしてそのようにできる自分を喜ぶことができることだ。これは献身的な奉仕に近く自己犠牲と混同しやすいので、慎重に峻別する必要がある。

**4. 指導の留意点**
本教材は、ロベーヌとジョルジュじいさんとの心温まるエピソードである。しかし、そこに自らの生死を賭けるという結末があるため、上手く展開を意識しないとお涙ちょうだい的に終わってしまう。そのため、次のような発問から展開していくとよいだろう。
①ジョルジュじいさんは誰にでも同じように「親切」にできたか。
②最後のおくり物とはなんのことか。それは誰がもらったのか。

**5. 評価のポイント**
下記を評価の観点とし手立てを考えると、自然に指導展開ができあがってくる。
①親切とは、誰に対しても同じようにできる行動パターンを指すのではないことが分かる。
②相手に応じて、自分ができることに一生懸命になれる人を尊敬し、素敵だなと心が動く。
③自分もそのような心を使いたいと願い、何ができるかを考えて実生活を送ろうとする。

# 第6学年

**導入**

加藤　(「最後のおくり物」と板書する)

C多　「最後のおくり物」ってなんだろう？

加藤　今日はみなさんに、お話に出てくるジョルジュじいさんは親切な人なのかを考えてほしいと思います。どういう人なのか考えながら読んでいきましょう。その前に、まず親切な人とは、どういう人でしょうか？

**ポイント**
導入では、親切の本質を問う発問をする。授業の後にも同じ質問をして、考え方の変容を捉える。

C1　優しくしてくれる人。❶

加藤　それでいいと思う人？

C多　(挙手)❷

加藤　では、ジョルジュじいさんは親切なのかどうか考えていきます。

**ポイント**
考える視点を与えてから、教材を読む。

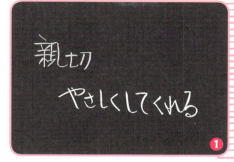

**展開**

(教材範読)

加藤　親切な人はいましたか？❸

C全　(挙手)

C2　ジョルジュじいさんしかいない。

加藤　なぜ、ジョルジュじいさんは親切なのですか？

C3　お金がなくて養成所に通えないロベーヌをかわいそうに思ってお金を送ったから。❹

加藤　お金を送ったことが優しいのですか？　同じ意見の人？

**ポイント**
「お金を送る＝親切」という発言に対して、行為のもとになる心情や意欲へ思考を深めさせる問い返し。

C多　(挙手)

C4　無理してまで働いて養成所の月謝を払ったから優しい。

加藤　そうだね。無理して働いてまでお金を送った。

**ポイント**
子どもの意見を共感的に受け止める。

加藤　では、ジョルジュじいさんがお金を届けられなくなったら親切ではなくなるのかな？❺

**ポイント**
批判的な視点から問い返し、子どもの問題意識を高める。そして、立場を選択させることで子どもの主体性を高める。

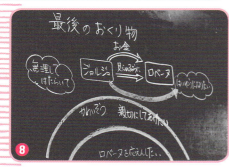

C多　（「そう思わない」挙手）❻

C5　ジョルジュじいさんにとっては、関係がないのに自分の命をかけてまでお金を送っていたから、事情があってお金を送れなくなっても、親切でなくなるわけではない。

加藤　どうしてそこまでできるのだろう？

**ポイント**
さらに分析的視点からジョルジュじいさんの心の深層を探っていく。

C6　ジョルジュじいさんも俳優を目指していた頃があったから、ロベーヌを応援したいと思った。

加藤　なるほど、応援したかったんだね。

C7　ロベーヌの夢や目的を叶えてあげたくてお金を送った。

加藤　ジョルジュじいさんは、ロベーヌの俳優になりたいという夢がわかったんだね。だから何とか応援したいと思ったんだね、なるほど。❼

**ポイント**
子どもの意見を共感的に受け止めながら、思考を整理していく。

加藤　「かわいそうだから」「親切にしたいから」という優しさからするのとは少し違うような気がするのですが、一緒ですか？（板書する）❽

C多　（悩みながら挙手）

**ポイント**
「一緒ですか？」と投げかけた後、子どもの考える様子から、すぐに意見を求めない。さらに以下のように問い返す。

加藤　もし、他に困っている人がいたら、ジョルジュじいさんはお金を送るでしょうか？

**ポイント**
状況の設定に変化を加え、比較検討させる。それにより、子どもの問題意識をさらに高めることができる。

C8　何に困っているかによると思う。❾

C9　ジョルジュじいさんは、ロベーヌを昔の自分と重ねたからお金を送った。

加藤　人ごとではなくなってきたんだね。

**ポイント**
子どもの発言を言い換えることで、考えが深まる。

C10　ジョルジュじいさんは、ロベーヌの毎日努力している姿から本気を感じてお金を送ろうと思った。

加藤　その人の頑張りがわかればわかるほど、やってあげたくなるんだね。❿

C11　例えば、宝塚に似ている。自分が目指していたものと相手が同じものを目指していて、自分は入ることができなかっ

第 6 学年

たから、相手には入って欲しい気持ち。⓫

加藤　自分の代わりになって欲しいということですか。C11さんの考えもあったと思う人？⓬

**ポイント**
子どもの発言を意図的にクラス全体に聞き返し、子ども同士のつながりや他者理解を大切にする。

C多　（挙手）

加藤　それならば、ジョルジュじいさんは、ロベーヌに隠すことなくお金を送ればよかったのではないでしょうか？「いつか返しておくれ」と伝えても親切なのではないでしょうか？　そしたら、ロベーヌも頑張ります！　と思いませんか？

C全　（子どもたちの表情が一瞬変わる）⓭

**ポイント**
C11の発言をきっかけに、批判的視点から問い返す。子どもの発言をもとに教師が発問を生み出していくことで授業に臨場感が生まれ、一層の問題意識が高まっていく。

加藤　そう思う人？　思わない人？⓮

**ポイント**
議論の節目で子どもに立場を選択させる。

C多　（「そう思わない」挙手）

C12　ジョルジュじいさんは、ロベーヌが本気で頑張れるには、お金を名無しで送るのがいいと思ったから。

加藤　名無しで送れば、ロベーヌが本気で頑張ると思ったんだね。

C13　ロベーヌがジョルジュじいさんのお金だとわかったら、お金を返さなくてはいけないと思うから。

加藤　余計な気を遣わせてしまうと思ったんだね。ジョルジュじいさんは、ロベーヌが夢を叶えたらお金を返して欲しいとは思っているわけではなく、本当にロベーヌのことを考えてお金を送っていたんだね。

C14　ジョルジュじいさんは、ロベーヌに自分の意志で本気で頑張って欲しいと思った。

加藤　なるほど。ジョルジュじいさんは、ロベーヌに恩義を感じさせたいわけではなくて、見返りを求めず、お金を送ったんだね。

**ポイント**
子どもの発言を言い換えることで新しい発想が生まれる。

C15　ジョルジュじいさんは、ロベーヌにプレッシャーを感じさせたくなかったから裏で支えたいと思った。⓯

加藤　なるほど。ジョルジュじいさんは裏から色々な形でロベーヌを支えたいと思ったんだね。では、このお話の「最後のおくり物」とはなんなのでしょうか？❶

> **ポイント**
> 登場人物の行為のもととなる心情や意欲と教材名「最後のおくり物」とのつながりを考えさせる発問。

C16　お金や手紙はそうだよね。❶

加藤　そう思う人？　付け足しがある人？

> **ポイント**
> 「お金」「手紙」は教材の文章の中に出てくる言葉。当然子どもから出される想定内の意見である。まずは、子どもの発言を受け止め、「そう思う人？　付け足しがある人？」とクラス全体に投げかける。

C17　ジョルジュじいさんの思い。自分は俳優になれなかったからジョルジュじいさんのロベーヌを応援する気持ちがおくり物だと思う。

C18　ロベーヌにお金を渡せなくてごめんなさいというジョルジュじいさんの気持ち。❶

加藤　ジョルジュじいさんに義務はないのにそう思ったんだね。

**終末**

C19　ジョルジュじいさんは、ロベーヌを応援したかったけど、病気で休んでしまって、自分の命は長くないと感じたと思う。

加藤　ジョルジュじいさんは、自分の命は長くないと思ったけれど、それをロベーヌに伝えなかったのは、伝えることがロベーヌのためにならないと思ったからだね。だから、ジョルジュじいさんお金や手紙を送ったんだ。では、ジョルジュじいさんは親切な人、優しい人でいいですか？❶

> **ポイント**
> 授業の導入で子どもに問いかけた内容を授業後半で改めて考えさせ、子どもの思考の変容を見取る。

C20　他の人のために本気で頑張れる人。

C21　自分の本当の気持ちに嘘をついて優しくする人。❷

加藤　ジョルジュじいさんは嘘をついて優しくしていたの？

> **ポイント**
> 子どもたちの発言の文脈から外れたC21の発言ではあるが、聞き流したりせず、その考えの真意を丁寧に聞き取ってあげることが大切である。

C21　ロベーヌは、ジョルジュじいさんからお金が届かなくなると途中で困ってしまったり苦しんでしまったりするから。

第6学年

加藤　そうか、そういう意味で言ったんだね。そうだとしたら最初からジョルジュじいさんはお金を送らなければよかったのかな？　そう思う人いますか？㉑

(ポイント)
C21の考えの根拠を引き出し、受け止める。そして、改めてジョルジュじいさんの行為について問い直す。

C全　（挙手なし）㉒

加藤　ということは、ジョルジュじいさんは何かせずにはいられないものがあったんだね。

(ポイント)
「何かせずにはいられないもの」を子どもと丁寧に考えていくことが、よさを追求していく上で大切な視点である。

C22　ジョルジュじいさんは、計算でお金を送ったのではなく、ロベーヌと同じく俳優を熱心に目指していたけど、なれなかったから、ロベーヌには夢を叶えて欲しくてお金を送ったんだと思う。㉓

加藤　ジョルジュじいさんは、ロベーヌの才能を埋もれさせたくない、苦しませたくないと思ったんだね。もちろん、C21さんの言うように、ロベーヌを苦しませることもあったのかもしれませんね。だからジョルジュじいさんがやったことは、100％正しいかはわかりませんが、人として大切なことを教えてくれたのかもしれません。
　今日は親切についてジョルジュじいさんの姿を通して考えてきました。「最後のおくり物」について自分はどう捉えたのか、みなさんから出てきた言葉などを使ってまとめましょう。㉔

(ポイント)
学習の振り返りを行い、子ども自身の言葉で本時の学習をまとめさせる。

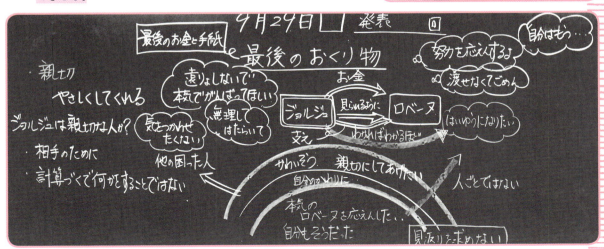

## 評価

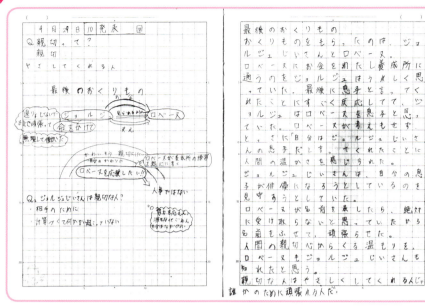

### 評価（学習内容）

教材の内容を、ねらいに関する観点をもとに深く考察することができ、例えば親切に関しては、「親切な人は、やさしくしてくれる人ではなく誰かのために頑張れる人」などというように、自分なりの価値観の構築を図ることができた。

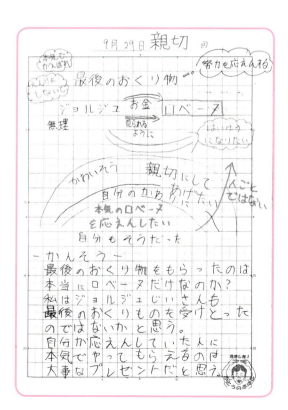

### 子どもの見取りと教師の授業評価

授業中に考えた問題意識をもとに思考を継続させていることから、本時の発問は有効であったと考えられる。

### コメント

授業をもとに、大事なことをよく考え、自分の言葉でまとめることができました。どうしてそう思ったのかをもう少し詳しく書けるとよかったですね。これからの授業では頑張って書いてください。楽しみにしています。

# 第6学年

### 見取り

「親切ではなくやさしさ」という認識、こだわりによりよく生きようとする子どもの力を感じる。これがあってこその話し合い、学びであろう。どの内容項目、授業でも道徳的な読みとは、最終的には「よりよく生きる自分」への賛歌なのである。

### 子どもの見取りと教師の授業評価

授業中に行った知的な理解をもとに自分の感動へ、そして自分の生き方へとつなげているところに学習効果を感じる。知的理解から情的理解へという展開が奏功したと考える。

### コメント

「素敵な人になります！！」という力強い感想に感動しました。どんな人になれるかな。楽しみですね！

## 第6学年

### 1. 教材名
第6学年　小川笙船

### 2. 内容項目
C：社会的役割の自覚と責任
D：よりよく生きる喜び

### 3. 授業の目標
　人は様々な役割を担って生きている。それは個人的な人間関係の中のものだったり、社会的な責任を伴うものだったりする。仕事も役割の一つと言えるだろう。役割を演じると言うように、演技でもできるだろうし、仕事として割り切ってもできるであろう。けれど、最終的には自らの意志で、自分に与えられたポジションを前向きに受け止め、自分にしかできないやり方で結果を出すところに醍醐味があるのではないだろうか。そのような前向きな姿勢、心構えを子どもたちに考えさせたい。

### 4. 指導の留意点
　小川笙船の生き方は、正に自らの役割を自覚し、与えられた仕事だけではなく、自分自身がなすべきことを考えた上でベストを尽くしている。そのような笙船が残したものは、今も脈々と受け継がれている。そのように考えると、小石川養生所の跡地は過去の遺産ではなく、現在へと続く道標であると考えることができる。

### 5. 評価のポイント
　①笙船の果たした役割のよさ、成果はどこにあるのか。②そのような役割を自らの意志で遂行することができたおおもとの心はなんだったのかを明らかにする。
　評価は、それに対応する形で①笙船の果たした役割のよさとそれを生む心が分かったかどうか。そしてそれを受けて②自分自身がどのような生き方をしたいかを考えることができたかを見取る。

# 第6学年

### 導入

加藤　役割とはどういうことでしょうか？❶
C 1　役を分けること。
C 2　自分がやること。
加藤　役を分けて自分でやるということかな。みんなの役割とはなんですか？
C 3　ロッカーを修理すること。
加藤　係活動ですね。
C 4　友達を弁護すること。
加藤　そういう係もあるのですか！？　では、医者の役割とはなんだと思いますか？❷

> **ポイント**
> 子どもの身近なところから役割について考えさせた後、教材とのつながりから医者の役割について具体的に考えさせる。

C 5　患者の病気を診たり、治したりする。
加藤　まだありますか？
C 6　「あなたは風邪で薬はこれです」と愛想よく伝えること。
C 7　オペをすること。手術をすること。
加藤　今日は医者のお話です。
C多　おぉ〜。
加藤　読めるかな？　「小川笙船」知っている人？
C 8　医者だったと思う。❸
加藤　そうですね。この学校の近くの小石川植物公園にあった小石川養生所は小川笙船の意見によってつくられました。小川笙船はどのような人か考えながら読んでいきましょう。❹

> **ポイント**
> 医者としての小川笙船がどのような人物であるかを意識させながら、教材の範読に入る。

### 展開

（教材範読）
加藤　小川笙船はどんな人でしたか？
C 9　いい人。
C10　患者を一人でも救おうとして自分から動く人。❺
C11　自分に利益がなくても、患者のことを大切にしている人。
加藤　医者の役割を果たしていましたか？

> **ポイント**
> 「導入」で取り上げた役割について、小川笙船の生き方と照らし合わせて考えさせるようにする。

C12　病気を治していたから果たしてた。
C13　愛想もよさそうだし。
C14　手術もしているし。
加藤　一般的な医者の果たす役割と比べて、小川笙船の医者としての役割はどうですか？❻

> **ポイント**
> 一般的な医者に対するイメージと小川笙船とを比較させることで、小川笙船の自分の役割に対する向き合い方について深く考えさせていく。

C15　人助けをしている。普通の医者もしていると思うけど。❼
加藤　みなさんは、一般的な医者と小川笙船とではどちらがいいと思いますか？
C多　（「小川笙船」に挙手）❽
C16　小川笙船は仕事を業務としてやっていないから。
C17　一人でも多くの人を救おうとしているから。
加藤　小川笙船は、時間がたくさんあったからできたのでしょうか？　そう思う人？　思わない人？
C多　（「そう思わない」に挙手）
C18　生活の余裕はなかったから時間もなかったかもしれない。でも、心の余裕はあったと思う。
加藤　普通の医者と比べると生活の余裕はなかったんだね。余裕はないのに色々な人に気をかけることができたのは、余計な仕事ではなかったのかな？❾

> **ポイント**
> 「小川笙船には時間的余裕があったのか？」「小川笙船は余計な仕事だと思わなかったのか？」などとあえて批判的な問いを投げかけることにより、小川笙船のよさについて追求させる。

C多　（「そう思わない」挙手）
C19　一人でも患者さんを救おうとやっているわけだから、余計な仕事だとは思っていない。
C20　患者さんにとっては、すごくありがたいことだし、小川笙船にとっては重要なことだと思う。❿
C21　人を助けるということは、余計な仕事ではないと思う。
加藤　一般的な医者が普通に患者さんを診ることは悪いことではありませんよね。一生懸命役割を果たしているはずです。では、小川笙船の役割の果たし方のよいと思うところはどこですか？

> **ポイント**
> 子どもの一般的な医者に対するイメージやよさも大切にしつつ、小川笙船のよさについて考えさせるようにする。

C22　普通の医者は、病院に勤めて定時に帰るかもしれけれ

第 6 学年

　　　ど、小川笙船は、町に出てまで貧しい人を見つけて診察しているところが違う。
C23　一般的な医者の仕事は、病院に来た患者を診るけれど、小川笙船は自分から町に出て貧しい病人を助けているところ。
C24　小川笙船は、何よりも患者を優先しているところ。
C25　「医者の役割」というと型にはまっているけれど、小川笙船は型がなくて、自分なりのやり方でやっているところ。
加藤　役割に縛られると「〜しなければならない」と思ってしまうんだね。では、小川笙船は、役割を果たしていないということですか？⓬

> **ポイント**
> C25 の「小川笙船は『役割』という型にはまっていない」という意見を生かして「小川笙船は役割を果たしていないということのなのか？」と批判的な視点で問いを投げかける。それによって、小川笙船の役割に対する向き合い方について、さらに深く考えさせていく。

C多　（「そう思わない」挙手）
C26　笙船は役割を果たしているけれど、型にははまっていない。
C27　役割を果たした上で、自分のやり方をやっていると思う。
C28　それが「役割を果たす」ということなんじゃない？⓭
C29　自分の時間を割いてまで、自分の意思でやっている。
加藤　自分の意思で、自分のやるべきことをやっていた。それを役割と思っているのかな？

> **ポイント**
> 一人一人の発言を受け止めながら、小川笙船の考える「役割」について子どもの意見を整理する。

C30　生きがい。⓮

> **ポイント**
> 「役割という『型』にはまったものではない（C25 の発言）」から「生きがい（C30 の発言）」へとつながっていった。「導入」から続く「役割とは何か」という一貫した問題意識をもつことで「役割」に対する多面的な思考を引き出していく。

加藤　生きがいと思っていたんだね。だから、小川笙船のもとに人が集まって来たのかな？　野菜を持ってきてくれた人に手を合わせた小川笙船の気持ちがわかる人？⓯

> **ポイント**
> C30 の「生きがい」という発言から、小川笙船とまわりの人々との関係性を考えさせるために、小川笙船が手を合わせて野菜を受け取る場面を取り上げ、子どもの自我関与を促す。

C31　野菜が嬉しいし、感謝の気持ちが嬉しいから。

C32　お金がなくても、野菜を持って来てくれてありがとうという気持ち。

C33　相手の元気な姿が見られて嬉しかった。⓰

加藤　相手の元気な姿が見られると嬉しく思ったんだね。

C34　小川笙船は、自ら患者を助けたいと思って患者のところに行っているから、野菜というより心が嬉しかったと思う。

加藤　心から助けたいと思っていたんだね。

C35　医者として、患者が治ってよかったと思った。

加藤　小川笙船自身も笑顔になっただろうね。

C36　自分の意志でやっているから、患者の笑顔も嬉しかった。

**終末**

加藤　みなさんは、どちらの医者に診てもらいたいですか？⓱

C37　どちらも頑張っているから、どちらもいい。⓲

加藤　そうですよね。C37さんは、両者の立場のよさを考えた上でさらに小川笙船のよさについても考えてくれたんだね。小川笙船のつくった養生所は役割を終えて、今は小石川植物園になっているのですが、小川笙船の生き方が今でも受け継がれていると思うことはありますか？⓳

**ポイント**

「展開」を通して、小川笙船のよさについて考えたことを「終末」で子どもの日常の生活と関連させる。

C38　小川笙船の優しさ。

C39　今の医療でも、苦しんでいる人を自分から見つけようとする気持ちが大切。

加藤　そうだね、それが小川笙船から学ぶことかもしれませんね。今日はみなさんと役割について考えました。将来医者になるかどうかにかかわらず、自分の役割を見つけ、果たす人になってほしいなと思います。

第 6 学年

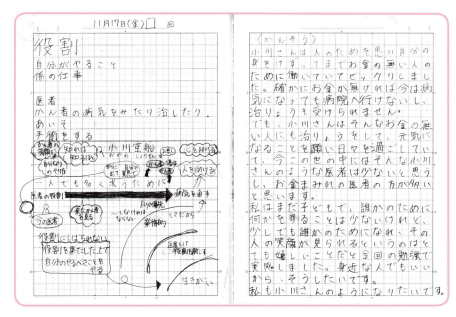

### 評価（自我関与）

「ビックリした」「実感した」などというように、教材を通した感動をもとに「自分はまだ子どもだけれど、できることをしていきたい」と、授業を通して自分自身のこととして考えることができているところが素晴らしい。

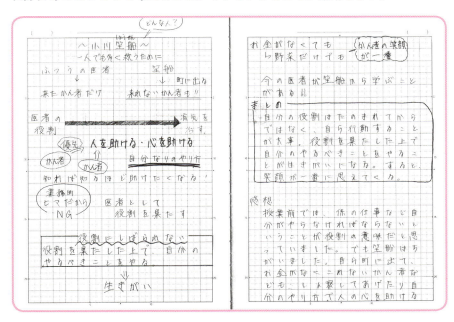

### 評価（学習態度・大くくり）

道徳ノートに「まとめ」と「感想」を書き分けながら、本質的な価値の気づきと、それに向かう自分自身の生き方を考えていく姿勢がよく分かる。授業前と授業をしてからの意識の変容を自覚しており、授業を通しての成長がよく分かる。

# おわりに

　授業は生きもの。この言葉は、授業後の反省に使われることが多いように思います。「はじめに思ったような展開にならず、やっぱり授業は難しい」というように。確かにそうですが、私はこれを前向きな意味に使いたいと思っています。

　子どもたちはその瞬間、瞬間を生きています。だからこそ、そのときの気持ちを言葉に代えて発信してきます。その言葉を捉えながら、問い返し、本質に向かって深めていく。
　もちろん、教師もその瞬間をともに生きる人間として、正対するべきで気が抜けません。常にアンテナを張って、子どもたちの意図を汲み、本人も気づいていない本質に気づくような投げかけをタイムリーに行う必要があります。大変である一方で楽しい作業でもあります。

　これまでも実践本は出していますし、それなりにポイントを紹介してきたつもりですが、リアルタイムかつ詳細な授業記録は、なかなか紹介できませんでした。しかし今回は、授業の臨場感や実践の中でしかわからないコツを読者のみなさまにお伝えしたいと考え、このような実況中継に挑戦することにしました。
　また、それぞれの授業後の子どもたちの道徳ノートを掲載し、それをもとにした評価の観点やコメントを具体的に紹介しました。これも今後の評価に対する一つの提案としてご参考にしていただければと思っています。

　本書が無事完本できたのも、これもひとえに、私の授業に何度も足を運び、記録をとってくれた仲間のおかげです。特に、幸阪創平先生、本校音楽部の平野次郎先生にはお世話になりました。ありがとうございました。
　また、東洋館出版社の小林真理菜さんの編集に向けた熱い思いにも、何度も励まされました。感謝申し上げます。

　本書を通して、考え、議論する道徳学習の雰囲気を少しでもお伝えできれば、望外の喜びです。

筑波大学附属小学校　加藤　宣行

## 加藤 宣行（かとう のぶゆき）

筑波大学附属小学校教諭。筑波大学、淑徳大学講師。
東京学芸大学卒業後、スタントマン、スポーツインストラクター、神奈川県公立小学校教諭を経て、現職。
KTO道徳授業研究会主宰、光文書院 道徳科教科書監修、日本道徳基礎教育学会事務局長。
著書に、『プロ教師に学ぶ小学校道徳授業の基礎技術Q&A』『道徳授業を変える教師の発問力』『道徳授業を変える　教師の発問力』（東洋館出版社、2012年）、『実践から学ぶ深く考える道徳授業』（光文書院、2015年）、『子どもが、授業が、必ず変わる！「一期一会の道徳授業」』（東洋館出版社、2016年）、『加藤宣行の道徳授業 考え、議論する道徳に変える指導の鉄則50』（明治図書、2017年）、他多数

［授業記録協力］
　幸坂 創平

［イラスト］
　髙橋 純

---

## この一冊でぜんぶわかる！
## 加藤宣行の道徳授業 実況中継

2018（平成30）年 2月 9日　初版第1刷発行
2023（令和 5）年12月 8日　初版第6刷発行

著　者：加藤宣行
発行者：錦織圭之介
発行所：株式会社 東洋館出版社
　　　　〒101-0054　東京都千代田区神田錦町2丁目9番1号
　　　　　　　　　　コンフォール安田ビル2階
　　　　代　表　TEL 03-6778-4343／FAX 03-5281-8091
　　　　営業部　TEL 03-6778-7278／FAX 03-5281-8092
　　　　振　替　00180-7-96823
　　　　Ｕ Ｒ Ｌ　https://www.toyokan.co.jp

装　丁：mika
印刷・製本：藤原印刷株式会社

ISBN978-4-491-03483-6／Printed in Japan

JCOPY ＜(社)出版者著作権管理機構　委託出版物＞
本書の無断複写は著作権法上での例外を除き禁じられています。複写される場合は、そのつど事前に、(社)出版者著作権管理機構（電話 03-5244-5088、FAX 03-5244-5089、e-mail：info@jcopy.or.jp）の許諾を得てください。